声優道

死ぬまで「声」で食う極意

岩田光央
Iwata Mitsuo

Chuko Shinsho
La Clef
576

中央公論新社

はじめに

満員電車を見て号泣した、あの日

それは今から25年ほど前、アルバイトと声優を掛け持ちしていた、20代の冬のこと。声優として生きていく「覚悟」を決めたことで、仕事がぽつりぽつりと入り始めていたけれど、それ一本で食べられるような状況からはまだ遠く、収入の支えになっていたのはアルバイトのほうでした。当時していたアルバイトの一つは〝はがきの宛名書き〟。時間の切り売りをしていた僕は、その日も朝から晩まで、ただ黙々《もくもく》と宛名を書いていたように記憶しています。

その帰り、クタクタになった体で実家へと向かっていると、ふと、僕の目の前を黄色い西武池袋線の電車が走り過ぎていきました。

車両を見てみれば、スーツ姿の男性が目立ちます。たしか夜の8時くらいということもあって、おそらくみな仕事帰りだったのでしょう。ぎゅうぎゅうに詰め込まれていて、遠目で見ていても、電車の中は何だか息苦しそうでした。

最初、その様子をボンヤリと見ていた僕でしたが、ふと気付けば、目からは涙が溢れ出していました。それは、今までに経験したことのない感情からの涙でした。とめどなく流れる涙、止まらない嗚咽《おえつ》。僕はうずくまり、その場所から動くことができなくなってしまいました。

目の前を過ぎていったのは、それこそどこでも見られるようなよくある満員電車です。そして電車の中で揺られていた多くの人は、やはりどこでも見かける、サラリーマンでした。おそらく彼らの多くは、毎朝同じ時間に出勤して一所懸命働き、ときには上司や取引先に叱られ、売上や成績を競わされているのかもしれません。そのうえで、また帰宅するために、満員電車という苦痛を強いられている。この先も「声優で食える」という確信もなく、ふわふわと生きていた自分なんかと比べ、きっと辛い思いをしていることは容易に想像できました。

ではなぜそんな満員電車を見て、涙が止まらなかったのか。自分でも原因が分からず、僕はとても動揺しました。そしてしばらくの間考えてみてようやくたどり着いたのは、「彼らと僕は違う」という、極めて単純で、でも恐ろしい事実でした。

もちろん、電車に揺られていた全員がそうだとは思わないけれども、スーツを着た彼らの多くには、当時の僕と比べ物にならないような、「安定」があったはずです。会社という「組織」にも守られていたことでしょう。毎月同じ日に払われる給料や、ある程度は頼りにできる人生設計を持ち、ときには会社の愚痴を言い合えるような同僚もいる。ましてや家に帰れば、やさしい家族が待っているのかもしれない。

とにかく、そうした日常が、彼らにはあったに違いありません。しかし、ふとわが身を振り返ってみれば、その中のたった一つすら、そのときの自分は手に入れることができていませんでした。

おそらく僕は、この先もきっと、彼らと同じところに立つことはない。体一つを使って対価を得る「声優」という、あまりに頼りない仕事を選び、それで食っていくことを選んだ自分は、もう永遠にあちら側へ行くことはできない。

そのことをこの日、たまたま目の前を通り過ぎた電車を見て、本当の意味で気付かされたのです。思いがけなく流れた涙の理由はそれでした。

僕が「声優道」を歩み始めた30年前と比べてみると、その職業観は大きく変わりました。

たとえば、自分が声優として大きな飛躍を遂げた作品は映画「ＡＫＩＲＡ」でしたが、そのころの声優とは今より影が薄い、あくまで裏方としての役割を求められていました。それこそ、「大部屋俳優」と呼ばれるようなあまり仕事のない役者さんが、生活をするため仕方なく請け負う、そんな印象も強かったように思います。

しかし、声優人気が高まった今ではまるで、弁護士や医者といった職業のように、明確に「声優」という職業があることを前提にした仕組みが作られました。声優の養成所や専門学校へ多くの若者が殺到し、養成所の査定に合格すれば、そのまま事務所へ所属することができる時代になっています。

しかし現実を見る限り、まだ声優とは「職業と呼ぶにはあまりに危うい」「頼りない」と言ったほうがふさわしいように、僕には感じられます。

声優が職業と呼ぶには頼りない理由

詳しくは本文で触れますが、「頼みの綱」というイメージがある事務所も、あなたが人気声優にでもならない限り、自然と役を振ってくれるようなことはありませんし、何も保証はしてくれません。もちろん役に採用してくれる制作会社だって何も保証してくれません。仕事の獲得はもちろん、会社勤めなら考えなくてもいい有給休暇や失業保険、福利厚生など、基本的にはすべて自分で考え、対応をしなければならないのです。

ちなみに声優と聞けば多くの人がアニメや洋画の吹き替えなどの仕事を想像するようですが、本来、その求められる範囲はずっと広く、基本的には「声」が必要とされるところ全般となります。

それは電車の車内放送やデパートの館内放送、スポーツイベントでの実況放送に、動物園や美術館といった公共施設での音声ガイドなど、本当に多岐にわたります。今では、ゲームでも音声が吹き込まれるのが当たり前になってきていて、その需要はさらに増えました。

しかし、年々高まっている声優人気に伴ってか、その需要を上回るスピードで声優、そして声優を志望する人の数が増えていて、今、声優の数は1万人に、そして声優志望者の数は30万人に達しているとも言われています。そんな膨大な人数を十分に養うような仕事があるはずもなく、なんとかデビューをしても、仕事を満足に獲得できないままあえなく挫折、なんてパターンがあまりに多く見られるようになりました。

そもそも、これまでも、そしてこれからも、声優に要求されるのはあくまでも「演技力」であり、演出に即座に対応できる技術です。その事実をおろそかにして、求められる立場からやや乖離した芸能人やアイドル的な立場に憧れる人が増えた結果、そもそも不安定だった声優という職業が、さらに危ういものになった気がしています。

もちろん声優業界には水樹奈々さんら、声優としての実力に加えて、ルックス、歌唱力、パフォーマンス力、そして並外れた体力など、類い稀なる才能を持った人がいるのは確か。そのレベルに達するような才能があるなら、僕からのアドバイスはありません。思う存分、好きな方面へ勝負をしていって欲しい。

しかし、これから声優を目指す、もしくは名を挙げたいという人が、その高みをいきなり目指そうとすることは無謀、というか、むしろ馬鹿げています。

なぜなら、そもそも声優のファンになってくれる人たちは、誰かが生み出した作品に登場するキャラクターに声を重ね合わせたうえで、心を寄せてくれる人がほとんどだからです。それは言い換えれば、単純に声優の声やルックス、演技力に惹かれているわけではない、ということになります。現実世界と、そうではない世界をミクスチャーした結果として、ファンとなってくれているのです。

だからこそ、そうしたファンを惹きつけておくためには、やはり声優としての力量がものを言うことになり、不断の努力が大いに必要とされます。

そしてファンでいてもらうためには、当然、彼らの期待を裏切ることは許されません。今の時代、一度裏切ればその悪評はあらゆるところへと広がり、一斉にそっぽを向かれることになるからです。声優のファンとは、感性が豊かでやさしい人たちである一方、ある意味で厳格で、とても残酷であると僕は考えています。

恐怖と向き合う「覚悟」があるか

僕たち声優は、一生「ふるい」にかけられていると言っていいでしょう。

まず作品という「枠」があって、求められる役という「網」がある。枠に乗る才能や気力のある人だけがふるいにかけられることを許され、セレクションが行われて、網の上に残ることができた、たった一人だけが役を演じることができる。それを繰り返し、ふるいにかけられ続け、ようやくメシが食えるようになる。しかも「声優」でいることを選んだのなら、それがずっと続く。

もちろん僕たち40代くらいの世代にまでなれば、すでにかなりの人たちが「ふるい」にかけられることをあきらめていますから、競争もゆるやかになってはいます。しかしそれでも油断はできません。なぜなら必要とされる声が常に変化し続けている以上、「絶対に自分でないと演じることができない」という役は、この世にほとんど存在しないから。今現在でも、僕はふるいの上にいるのであって、これから先もふるい落とされる恐怖と戦いながら、生きていかなければならないのです。

同世代の声優仲間と会ったとき、「頑張っているな」「生き残ったな」と互いを確認しあうことがあります。それこそがふるいにかけられている、ということの表れのような気がします。

だからこそ、必要なのは、恐怖と向き合う「覚悟」なのではないでしょうか。技術や個性ということはその次に来るもので、まずそうした恐怖に向き合えるかが、声優になれるかどうか、ということの決定打になるように思われてなりません。

そしてその事実を理解して、恐怖を乗り越える、もしくは恐怖すらも楽しむ、それこそ〝ドM〟な体質を兼ね備えなければ、声優のような不安定な職業をやっていくことはできません。

ただし声優は進む方向を誤っていない努力を重ねていけば、報われる可能性のある世界ではありますし、昔も今も実りは多く、多くの人に夢を与えることができる、とても幸福な職業なのは間違いありません。

数年だけでもちやほやされたい、花火のように一瞬だけ輝くことができればいいと感じるのなら、最短距離を走ってもいいでしょう。しかし声優という職業が好きで、この先「死ぬまで声でメシを食いたい」と考えるのであれば、実際に「30年以上、声優としてメシを食っている」僕が書いたこの本を読んでいただく価値は、大いにあるはずです。

勇気を持って、ページをめくってください。そして覚悟ができたら、ぜひ声優の門を叩いてください。声優道を力強く歩んでください。

強い覚悟を持ったあなたに、僕は全力でエールを贈ります。

目次

第3章 職業としての「声優」論

第4章 声で食うための「極意」

イラスト／いしいのりえ
本文ＤＴＰ／今井明子

声優道

死ぬまで「声」で食う極意

第1章

最初から「声優」に
なりたかったわけじゃない

僕は「子役」で演技に目覚めた

実は僕は、最初から声優を目指していたわけではありません。ここから先を読んでいただければお分かりいただけますが、最初はドラマや映画に出演する俳優への道を歩んでいました。

そう書くと、〝声優一本〟で歩もうと考えている人、もしくはすでに歩み始めている人からすれば、なんだか中途半端に感じられて、がっかりしてしまうかもしれません。

しかし、この事実も最初にお伝えしておきます。ここに至るまでに、たくさんの寄り道や回り道をし、その途中でたくさんの経験をし、悩み、葛藤を重ねてきたからこそ、30年以上という長い「声優道」をここまで何とか歩むことができたと僕は思っています。

そこで、現在の声優を取り巻く厳しい現実、そしてその世界で生き残る術について語るその前に、これまで僕自身がたどってきた道について少しだけ説明をさせてください。

声優が今のようなスター性やアイドル性を持つ前、あくまで裏方として、そして職人としてみなされていた時代に僕が得た気付きを共有していただくことは、これから声優を志すみなさんにとっても大変な価値があるはずです。

僕は小学校４年生の頃から49歳となった現在まで、ずっと「演技」の現場に携わっています。

父が東映に勤めていたこともあり、映画に触れる機会は非常に多く、テレビで映画を放送している時には、画面に向かう父と肩を並べて映画鑑賞をしていました。

「東映まんがまつり」が行われていた頃は、父に連れられて有楽町の映画館に行きました。映画そのものも楽しかったのですが、「おでかけ」ということや、マクドナルドでチョコレートシェイクを飲んだりすることも楽しみの一つでした。僕の中で映画というものは面白いもの、楽しいもの、という印象が自然と生まれていたのかもしれません。

しかし演じることの魅力そのものに目覚めたきっかけは、出身地の埼玉県にあった「良い映画を観る会」という団体が主催した教育映画への出演でした。

劇団などには所属していない、あくまで一般の小学生を起用して教育映画を撮影するという企画で、僕は通っていた小学校の代表としてオーディションを受けることになりました。

実は最初に代表に選ばれていたのは僕の兄だったのですが、表に出ることが苦手な兄が代わりに僕を推薦したのです。ひょんなことから白羽の矢が立ち、見事合格したのですから、兄の一言がなければ、声優としての僕はおそらく存在していなかったはずです。

映画の撮影は小学校4年生の夏休みを使って行われました。もちろん映画の撮影をすることも、人前で演技をすることも初めてでしたが、そんな初めてだらけの環境がどれも新鮮で、とても楽しかったことは今でも覚えています。

無事にクランクアップをし、映画が公開される前に、浦和市（現在はさいたま市）の埼玉県民ホールで試写会が行われることになりました。

僕は出演者としてその場に立ち会ったのですが、それこそ1000人くらいのお客さんが全員、僕の演技を観てくれている様子を見て、何か鳥肌が立つような想いを覚えました。また試写会終了後、僕は出演者としてステージの上に立って挨拶をしたのですが、そこでもやはり会場すべての視線が一斉に自分へと注がれ、一字一句逃さずに話を聞いてくれ、拍手の嵐を浴びることになりました。現在、毎週のように声優が行っているイベントの雛形のようなステージですが、僕はすでに小学校4年生の時に体験し、言葉にできないような興奮を覚えていました。

この経験こそ、僕が「演技」というものの魅力に取りつかれた原体験です。

半年かけて劇団入団を懇願

撮影中、小学生の出演者の中に一人だけ劇団に所属しているキャストがいたので、撮影中はよく彼と話をしていました。

「そんなに演じることが好きなら、うちの劇団に入ったら？」

そう紹介されたのが、彼も所属していた「劇団こまどり」でした。

人前で表現をすることは楽しいし、作品に出演すると大勢の人に評価されて、しかもチヤホヤしてもらえる。こんなに魅力的なことはなかなかありません。僕は自然と劇団への入団を考えるようになりました。

ですが、我が家は四人兄妹と家族も多く、当時、決して裕福な家庭ではありませんでした。劇団に入るには15万円を超える「入団金」のほか、週1回の授業料として毎月6000円かかります。さらに、劇団のある西武新宿線の中井駅までの往復の交通費が毎月数千円。当時の両親から考えれば、金銭的にも負担がかかる、相当なわがままに見えていたことでしょう。

父は映画会社に勤めていたということもあり、僕が入団することに一定の理解を示すようになりましたが、母親は東京の劇団まで付き添うことができないし不安、ということでずっと反対していました。

それでも僕は半年以上「劇団に入りたい」と両親を説得し続けました。幼い頃の半年というのは相当長い期間だと思うのですが、決してあきらめませんでした。それほど4年生の夏に体験した映画撮影は僕にとって魅力的で、「どうしても演じたい、そしてまた大勢のお客さんに自分を観てもらいたい」と感じていたのです。ようやく僕の熱意の前に両親が折れ、「劇団こまどり」に入団できたのは小学校5年生の5月でした。

両親と交わした二つの「約束」

説得をし続けてようやく首を縦に振ってくれた両親でしたが、劇団に入る条件として二つ、約束をさせられます。

一つ目が「学校行事には積極的に参加する」というもの。映画やドラマなどの撮影はとても時間がかかります。映画に携わる仕事をしていた父はその過酷さとキャストの拘束時間を理解していたため、劇団に入って仕事をするようになれば、いずれ「学校に行けない」と弱音を吐くに違いないと考えたのでしょう。

父の勘は的中し、劇団に入ってしばらくすると少しずつ仕事が入るようになり、早退や欠席をすることが目に見えて増えていきました。一方で忙しいながら、僕は両親との約束を守り、小学校のときには学級委員をしたり、中学校と高校では美術部に所属したりと、できる限り学校行事へ積極的に関わるようにしました。

そうして意識をして学校と強く関わりを持ったことで、友達はごく自然に接してくれていたように思います。たとえば中学生の頃、テレビドラマの「三年Ｂ組　新八先生」にレギュラー出演していたのですが、いわゆる〝ツッパリ〟の先輩方から学校裏へ呼び出され、「テレビに出ていて生意気なんだよ！」と、理不尽な絡まれ方をされたことがありました。しかし、そのピンチにも同級生たちが助けに来てくれ、その場を収めてくれたのです。

子役として出演した映画「おれは男だ！　完結編」（石山昭信監督、松竹）のパンフレット。左上のメガネをかけた学生が僕

今振り返れば、ただでさえ多感な年頃に学校へ通いにくくなれば、学業に支障をきたすことはもちろん、クラスメイトとも仲良くしにくくなってしまう。一度しかない青春時代を過ごすのなら、そこでも後悔はしてほ

しくない。そういったことまで考え、両親は劇団への入団をすぐに許さなかったのだと思います。

そして、二つ目は「すべて一人でやる」。レッスンはもちろん、仕事が決まったとしても、父も母も一緒に来てはくれません。僕一人で現場へ行き、一人で仕事をし、一人で埼玉県の自宅まで帰る。それが条件でした。

現在は労働基準法により「満13歳まで午後9時以降働いてはいけない」と定められていますが、僕が子役をしていた当時はそこまで厳密ではなく、子役に対しての扱いも雑で、夜中の11時や12時まで撮影をすることもザラでした。

たとえばTBSへ朝6時に集合する仕事があれば、4時くらいに目覚ましをかけ、誰も起こさないようにして、一人で身支度をして出て行きます。最寄りの秋津駅から始発で池袋に出て、そこから丸ノ内線に乗り換えて赤坂見附へ向かうことになります。都内ならまだしも、電車で2、3時間かかるような現場で深夜までかかることも普通です。しかしどのような場合だろうと一人で行き、一人で帰りました。

僕以外の子役たちはみんな、家族の応援のもとで演技していましたから、誰かに手を引かれて現場に来て、見守られていました。けれども僕はいつも一人で、都内なら劇団の先生と待ち合わせをし、現場を見てもらっていました。遠方でのロケなどは、誰一人身内はいません。

しかし子どもながら、不思議と寂しくはありませんでした。それは劇団入団への経緯もあって、「この仕事はすべて自分の力でこなすもの」というルールを心から理解していたからだと思います。

両親が提示してくれた二つの条件は、今では自分にとって声優としての指針となっています。確かに幼い頃の自分にとっては大きな試練でもありました。しかし、子どもという肩書きの上に「子役」という肩書きがプラスされたことで、僕は普通の学生とはまったく異なる道を歩かなければいけない。つまり「普通ではない人生」を進むことの意味、そして覚悟について、両親はハードルを上げることで僕に教えてくれたのです。

消えることが「当たり前」

振り返れば、その頃の劇団活動は、仕事というよりも、多くの学生が野球部やサッカー部などに在籍し、熱心に部活動に勤しむのと似たような感覚で行っていました。

その理由としてまず、演技で得たギャランティを、自分で一切もらっていなかったことがあるかもしれません。お金の管理はすべて両親にまかせていましたので、僕は現場へ行って子役としての仕事を行うだけでした。ですから「自分の演技がお金になっている」という認識はほとんどありませんでしたし、純粋に演技することを楽しんでいたのだと思います。

もう一つの理由は、周囲の環境にありました。

僕が小学生の時に出演したテレビドラマ「こおろぎ橋」に、同じ小学生役で出演していた子役仲間は、中学生の時に出演した「新八先生」では誰もキャスティングされていません。さらに「新八先生」の生徒役の仲間たちは、高校生で出演した「オサラバ坂に陽が昇る」の生徒役には、僕以外、2人しかキャスティングされていませんでした。

こうして新しいテレビドラマへの出演が決まり、現場へ行くたび、同世代で活躍をしていた子役仲間が一人、そしてまた一人といなくなっていました。そんな状況を当たり前のように見ていたことで、「役者の世界は厳しい」というよく耳にする表現を、言葉以上のものとして受け止めていたのだと思います。

実際、僕より人気があり、演技も上手だった子役もその競争の中で、さらには学業や家庭の事情、心の問題などで「ふるい」にかけられ、はかなく消えていきました。その中で「この僕が成功するわけがない」「いつ消えてもおかしくない」と常に感じていました。

だからこそ、高校を卒業した後の進路として俳優一本の道を歩むのでなく、美術系の専門学校へ進み、グラフィックデザイナーとしてのスキルも身に付けることにしました。中学、高校と美術部に在籍していたので、演じることの次に好きな美術、その延長上にあるグラフィックデザインを学ぶことで、将来に備えようと考えたのです。

幸いなことに俳優としての仕事も続いていましたので、学校に通いながら、その傍で小劇団に所属しました。そして専門学校に入学して間もなく、僕にとって最大の転機とも言える仕事を得ることになります。それは、世界的にも高名な漫画家、大友克洋さん自身が監督を務めたアニメ映画「ＡＫＩＲＡ」の主役、金田正太郎役でした。

良くも悪くも、この作品を境に、僕の人生は大きく動き出します。「俳優」から始まった人生に、「声優」という道が鮮烈に浮かび上がってきたのです。

「ＡＫＩＲＡ」で受けたアニメの衝撃

講談社の『週刊ヤングマガジン』にて連載され、人気を博していたこの作品は、作者である大友さん自らが監督を務めるということで、当時大変な話題になっていました。

劇団からオーディションの話をもらい、役を獲得できたときには、本当に驚きました。何

「AKIRA」（Blu-ray／ジェネオン・ユニバーサル・エンターテイメント）

より僕自身が「ＡＫＩＲＡ」のファンということもありましたが、大友作品という、日本だけではなく世界から期待されるであろう作品に、主役として出演できることがまったく信じられなかったからです。そして、基本的には俳優としてのキャリアをメインに歩み、声優の仕事は二の次として考えてきた自分にとって、この作品の収録現場は独特で、かつ贅沢なものでした。

たとえば一般的なアニメ作品を録る際、声優には口パクに合わせる、いわゆる「アフレコ」のためのＶＴＲが収録されたものが渡されます。しかし「ＡＫＩＲＡ」は「プレスコ」という手法で作られました。

「プレスコ」は、ラジオドラマのように最初に声を録音し、その声に合わせてアニメーションを作成するというものであり、大昔の東映作品や、それこそディズニー作品でしかやっていなかったような、とても手の込んだ手法です。しかも金田役に合格し、真っ先に送られてきたのは台本、そして電話帳で4、5冊分はあるだろう、大友さん直筆の分厚い絵コンテでした。それでいてその数冊の絵コンテに入っていたのは前半部分のみ。後半分、また電話帳数冊分となった絵コンテは半年近く後になって届きました。

これほど丁寧で、贅沢に作られたアニメ作品に携わったのは、これまでの人生でも最初で最後でしょう。だからこそ、いろいろな意味で衝撃を受けました。「ものすごい作品に参加している」と感じ、とても気持ちが高揚していたことをよく覚えています。

大作で得たギャランティは「14万7000円」

「AKIRA」は発表当初から雑誌などのメディアで取り上げられ、1988年の公開前になると、制作会社はさらに熱を入れてプロモーションを行いました。

金田が作中で着用する真っ赤なバイクスーツが僕の体の大きさに合わせて本革で作成され、いわゆる「金田のバイク」のレプリカまで作られるなどして、大々的に試写会が行われました。

映画が公開されてヒットすると出演者の一人として、僕自身、急に世間から注目を集めるようになりました。なお同作品は今に至るまで全世界中にファンがおり、ビデオやDVDはもちろん、さまざまにメディア化がされています。

しかし僕が大作「AKIRA」で受け取った出演料は14万7000円のみです。未だにそれ以外のギャランティはいただいてはいません。

とはいえ、その金額に対して、不満があるわけでもありません。というのも映画が制作された当時、二次使用料などの概念が本当の意味でまだ浸透しておらず、また、誤解を恐れずに言えば、当時の声優の役割はその程度として考えられていたのであり、出演料だけもらって終わり、ということのほうがむしろ当然だったのです。

「声優・岩田光央」として

現実としてはまだ20歳前後であり、専門学校で学ぶ日々が続いていましたが、映画のヒットをきっかけに「声優・岩田光央」の名前は業界内へ広がっていきました。そうすると仕事もつながっていきます。

「AKIRA」に続き、声優として、今度はゲーム「天外魔境」の主役である自来也《ジライア》役、そして「ここはグリーン・ウッド」という作品のメインキャラクター・池田光流役に抜擢されることになりました。特に後者は大きな人気を博し、イメージレコード（まだCDではありませんでした）やＯＶＡ（オリジナルビデオアニメーション）が作られたり、さらに関連したラジオ番組が始まったりと、作品に留まらない広がりを見せていきました。

そういえば当時まだ珍しい、声優が集まるイベントも開催されました。しかし、僕はもちろんイベント慣れなどしておらず、声優人気が高まっていることもよく理解できていませんでした。楽屋口ではなく正面の入り口から入ったところ、お客さんが殺到。大変な騒動となってしまいました。

その後も「ＡＫＩＲＡ」の実績のおかげか、仕事の依頼が入り続けました。気が付けば「ＡＫＩＲＡ」という大作は、僕にとって目には見えない名刺のような存在になっていきます。アニメ作品だけでなくテレビＣＭ、ラジオＣＭのナレーション、「ここはグリーン・ウッド」でのラジオドラマを縁としてＯＶＡ「僕のマリー」への出演、さらにはそこで生まれた宮村優子さんとの縁で、ラジオ大阪で一緒に番組を持つことになりました。なおラジオ大阪とはその後も縁があり、鈴村健一君と「スウィートイグニッション」という番組をかれこれ10年以上続けています。

「ＡＫＩＲＡ」がある意味で僕の名刺となり、縁が今でも続いていることは、本当にありがたいことだと感じています。あの作品がなければ、自分の声優としての人生がここまで広がることはなかったかもしれません。

夢と現実の合間で

こうして10代の終わりから20代のはじめにかけて、仕事は増えましたが、「人気はいつまでも続くまい」と思っていたこともあり、専門学校に加えて「劇団こまどり」から入る役者としての仕事、さらに小劇団に身を置き、そこでの活動を続けていました。「AKIRA」公開以後、特に〝声〟の仕事が増えていましたが、まだ声優として生きていく覚悟などはなく、あくまで俳優かグラフィックデザイナーとしての大成を願っていました。

不安だからこそ、考えられることすべてに手を出していましたし、人生の中でも迷走していた時期と言えるかもしれません。まるでスターのように、テレビやラジオなど、華やかな場へ顔を出す機会もありましたが、その傍ら、この先食べて行くことができるか、キャリアを積むことができるか、常に危惧していました。そして現実として、俳優の仕事は少しずつ減っていきました。

そんなある日、歌舞伎町にあったファストフード店でアルバイトをしていたときのこと。要領よくポテトを揚げられるようになり、ナゲットを揚げられるようになり、ハンバーガーを作れるようになったある日、店長に呼び出されてこう言われました。「君には才能があるから正社員になり、店長を目指さないか。店長になれば、月給は30万円だ」と。

ほどなくして僕は逃げるようにアルバイトを辞めました。それは先の見えない役者やグラフィックデザイナーを選ぶより、この店の店長になることが今の自分にとって、食っていくために確実で最短の道という事実に向き合うことになり、心底怖くなったからです。

それから必要なお金はパチンコや日払いのアルバイトをして用立てするようになりました。クレジットカードのキャッシング額の限度いっぱいまで借りたりと、何とか食っていくだけのメチャクチャな日々を過ごしていました。

足りなかった「覚悟」

若気の至りか、「俳優になるにしても、デザイナーになるにしても、卒業証書なんていらない」と考えた僕は専門学校を中退し、とあるデザイン事務所に入ります。立ち上げて間もない事務所、ということで未経験の僕をアルバイトとして採用してくれたのです。

面接の際、俳優としての仕事もしていること、そちらの仕事が入った時には仕事を休むことになると思うがそれでも受け入れてくれるかと、今考えても無茶で失礼な条件を提示しました。でも俳優として落ちぶれ始めていた当時の自分を見て、おそらくこの先に大成するとは誰も思わなかったでしょうし、ネコの手も借りたい事務所にとって、グラフィックデザインを一通り理解していた僕は、それなりに有り難い存在だったのかもしれません。

それからは基本的に週5日デザイン事務所で働き、月に数日、俳優の仕事をこなす日々を過ごしました。年に2回開催していた舞台を公演する時には3ヵ月ほど前から週4回、公演が近くなればそれこそ毎日、稽古をしていました。

しかしそんな生活を3年ほど続けていたある日、デザイン事務所の社長から呼び出されます。事務所そのものが順調に成長をしていた一方、古株だった僕は、相変わらず俳優や声優の仕事で欠勤しては、デザインの仕事に穴を開けていました。そこで社長は、「デザイナーになるか、役者になるか、2週間でどちらか選べ」と引導を渡したのです。

この頃の僕は役者の仕事も楽しいし、デザイナーの仕事も楽しいなどとボンヤリ考えていました。しかし、このように薄っぺらい想いが社長に見抜かれたのでしょう。二択を迫られ、ようやく人生には進む先に対しての「覚悟」が必要なことを理解しました。

24歳になっていた自分にとっての俳優とは、子役の時に感じた部活の延長のようなものではなく、紛れもなく「職業」だったのです。そして僕は不安定で心細く、しかし大好きな俳優という職業に、大した「覚悟」もないまま長くかかわってきたことに、ここで気付かされました。

そこでの葛藤については後述しますが、悩んだ結果、僕はデザイン事務所を辞めることを選びます。そしてそれからは金銭的にも、そして精神的にも、まさに〝ドン底〟の日々が始まることになりました。

俳優としての道を進む覚悟を決めたものの仕事らしい仕事はなく、すぐに手元のお金も尽き、待っていたのは想像を超えた極貧生活でした。やむなく日払いのアルバイトで食いつなぐことになり、通勤電車を見て号泣したのはまさにこの頃です。

その頃、長年お世話になっていた「劇団こまどり」を辞め、次の事務所へ移ることを決意しました。しかし苦しい状況はそこでも続いたので、そこに1年近く所属したのち、その事務所の社長に紹介されて大沢事務所へと移籍。そしてこの決断こそ、僕の人生にとって第二の転機となります。

その当時、声優も俳優も多く所属していた大沢事務所でしたが、たまたま「20代で声優も俳優もできる若手男性役者」というポジションが空いていました。事務所にとっても、僕という商品は扱いやすかったのでしょう。仕事が一気に入るようになりました。

気が付けば、毎日何かを演じるようになり、いつの間にか日雇いのアルバイトをすることはなくなり、収入のすべてが「役者」として得たものになりました。夢にまで見た「職業としての役者」という存在に、いつの間にか僕はなっていたのです。

そして「運」

大沢事務所に入所してから、僕の人生は一変します。入ったその月から、いきなり仕事が舞い込みました。なお僕が仕事を獲得できたのは、それまでの実力や努力も多少はあったかもしれませんが、それ以上に、事務所に足りなかったポジションと、自分という存在が合致したことが一番の要因でした。つまりそれは平たく言えば「運」です。この事実は、この本を読み進める上でも大きな意味を持つと思います。

おそらく大沢事務所での20代後半から30代後半にかけての約10年間が仕事量のピークだったのではないでしょうか。一番多いときには、一ヵ月で50本以上の仕事をこなしていました。大沢事務所に所属した数年後には、その日の仕事をこなすことに精一杯となり、マネージャーには翌日以降のスケジュールは聞かないようになりました。

しかし、忙しかったものの、入る仕事は声優としてのものばかり。それまでドラマや映画で活躍する役者の仕事をメインとして考えていたのですが、事務所を移ったことをきっかけに、再び「声優・岩田光央」が求められていることに少し戸惑い始めてもいました。

そもそも大沢事務所に所属する際、一番の魅力だったのは、俳優業と声優業を兼業している役者が多かったこと。20代の頃の僕は、俳優としての道を進みたいという気持ちがまだ強かったのです。しかもなまじ俳優として長いキャリアを持っていたがために、自分にとって「声優」とは「俳優」として食えない人がやむを得ず選ぶ仕事という認識がまだ強く、どこかで格下に見ていたのも事実でした。

それだけに「声優・岩田光央」に引っ張られていくのは不安でなりませんでした。「身体」で演ずる仕事が減り、「声」だけが求められる。本当にこれは僕が望んでいた未来なのだろうか、と自問自答を重ねていました。

イベントでの一枚。大沢事務所に移ってからはとにかく大量の仕事をこなしていました

「このままでは声優になってしまう」

一方で90年代半ばになると、「声優」の置かれた立場は急激に変わっていきます。

かつては週に一度テレビ放映されるアニメや洋画吹き替えが仕事の中心だったのが、作品数が増えて多メディア化が当然となり、さらにはゲームに音声が吹き込まれるのが当たり前になったことで、活躍の場が急激に広がっていたのです。だからこそ意思に反し、声優としての僕はさらに知名度が上がっていきました。

当時とても人気を獲得した役として、コーエーテクモゲームズが発売したゲーム、「アンジェリーク」のメインキャラクターの一人、ゼフェルがあります。「アンジェリーク」は女性向けの恋愛シミュレーションゲームの先駆けとなる存在で、多くの女性たちから大変な人気を得ました。そのため、ゲームから派生したCDドラマ収録や雑誌のインタビューなど、また声優としての仕事が急増していきました。ただ、俳優としてのプライドを捨てきれない自分は、顔出しの仕事も細々とではありますが、可能な限り入れてもらっていました。

そんな日々の中で「俳優」とは言えない、でも「声優」とも言えない、どちらにもなれていない中途半端な自分がいることに気付きます。

声優として声をかけてもらう現場では、キャラクターを演じる声優仲間が団結して頑張っているのに、僕はその輪の中に入ることをどこかためらってしまう。あるときは、俳優として参加したテレビドラマ、その収録後の飲み会に誘われても躊躇してしまう。いつの間にか、中途半端な自分が、それぞれの現場でどんな顔をすれば良いのか分からず、どちらに対しても背を向けるようになっていたのです。

「コーエー定番シリーズ　アンジェリークSpecial」（プレイステーション／コーエーテクモゲームス）

　そして声優としての現場へ行く日になると、あの忌まわしい刷り込みが頭をよぎります。

「声優は売れない俳優がやる仕事」

　声優として現場へ行き、収録ブースに入るたび、その言葉が僕を責めました。いつしか神経性胃炎を患うようになり、声優としての仕事へ行く時には胃腸薬を常備しなければなりませんでした。そして収録が始まる直前にスタジオに入り、収録が終わると真っ先にスタジオを出る。

「このままでは声優になってしまう」

今では考えられないほど、後ろ向きに仕事と向き合う毎日をただただ、送っていました。

その声に「覚悟」はあるか

俳優にも声優にもなりきれていない自分でしたが、仕事も人気も、そして金銭的にも満足を得られるようにはなっていました。もちろん、以前のドン底の状況から考えれば、十分に恵まれています。けれど、このままでは精神的なバランスが崩れてしまう。そんなとき、幸いなことにそんな僕を救ってくれる瞬間が訪れました。それは、とあるCMの収録現場でのこと。

その日は企業名を呼ぶ仕事、つまり声を「企業ロゴ」にするための収録でした。ロゴとして声を使ってもらうと、他社では僕の声を使えなくなるため、どうしてもギャランティは高くなります。

「この一声はとても高いのだろうな」

そんなことをブースの中で思い浮かべていました。そして考えた瞬間、急に寒気を覚えました。それほど高額を投じてもらっているのに、それに見合うだけの「言霊《ことだま》」を声に込める仕事をしていたのだろうか。どれほど大勢の人が、僕の一声のために時間と労力を費やしたのだろう。そして僕は今、大した覚悟もないまま会社の名前を背負い、そのイメージや理念を代弁しようとしている。

企業の責任者、広告代理店の担当者、そして音声を収録してくれるスタッフやマネージャー。周りにいる関係者を見渡しながら、その事実を本当の意味で理解して、心底恐ろしくなりました。明らかに今まで「声優」としての仕事やセリフ、ナレーション、そのすべてにふさわしい覚悟を持って、向き合っていなかった。僕は、なんてひどいことをしていたのだろう……。

「声」に対して抱いていた気持ちのあまりの軽薄さに気付いた僕は、そのことを恥じながら、ブースの中で猛省しました。声優の出す「声」は、たくさんの人の願いや想いを背負い、それを表現する仕事です。だからこそ、こんな中途半端な気持ちで声優をしていてはいけない。声優を続けるのなら、一つひとつの仕事に真摯に向き合い、すべての言葉に「言霊」を込める努力をしなければならない。そのことに初めて気付きました。そしてその日から、僕は声優という仕事の背後にある大きな責任に向かい合うとともに、あらためてその魅力に惹かれ、声だけで演じることの可能性を考えるようになりました。

たとえば俳優としての仕事とどう違うのか。当然ですが、声優として演じるのは声だけ。全身を使って表現することから考えると、とても窮屈なイメージもあります。

人は思っている以上に身振り手振りを使い、コミュニケーションを行っています。それだけに制限されながら演じることは、全身を使って演じることに比べ、時にずっと難しい。そして当然ながら表現を声だけに特化する以上、それ特有の技術が必要である、ということを理解したのです。それは声を出す、ということについてのノウハウだけではなく、業界を生き抜くために必要とされる、あらゆる面でのものです。

ここまで随分と長くなりました。ただ、こうした経緯を歩み、悩み、覚悟を決めたからこそ、僕の声優としての仕事は今に至るまで続いています。そして環境の変化にうろたえることも、消えることもなく、今日も僕の「声」は誰かに届いています。

しかし声優業界は、またこの数年で劇的に変化を遂げています。声優の活躍の場が増えている一方、志望者が30万人いると言われる状況までになりました。そして残念ながら声優を取り巻く業界や事情は、声優やそれを目指す人にとって良いほうには向いていません。そのような時代だからこそ、声優として進む以上、僕が歩んだ道のりや見出した覚悟は、続くあなたにとって、おそらく役に立つ道しるべとなるはずです。

そこで次の章では、激変したとされる声優業界、その残酷とも言える実情について、知っておいて欲しいことを伝えたいと思います。

第2章

残る声、消える声

声優志望者30万人時代の到来

現在、声優の役割の拡大やそれに伴う人気増を背景に、肩書きとして「声優」を語る人が急増しています。

テレビアニメや据え置きのテレビゲーム以外に、特に近年では急速なスマートフォンの普及と、それに伴う音声の吹き込まれたゲームの登場で、一昔前とは比較にならないほど声優の需要は増えています。

そうして裾野が広がった分、デビューをしやすくなりましたし、その受け皿としての専門学校も次々に開校しました。また「紅白歌合戦」への声優出演などを通じて、社会的認知度が格段に上がったこともあり、「声優を目指す」ことも公言しやすくなったのではないでしょうか。

一方で失礼ながら〝安直〟に志願する人も、同時に増えたように感じています。さらに厳しく言えば、成功する声優とうまくいかない声優、その差も以前とは比べ物にならないくらいまで広がったように感じているのです。

声優を目指す若い方の多くは、高校や大学を出た後、専門学校に入って声優について学び、それから事務所直結の養成所でさらに学び、査定に合格してデビュー、という道を描いているようです。しかし、そうした筋道がやや中途半端に描かれたために、「自称声優」が大量に生まれ、彼らがますます増加していくであろう状況の中、混迷を極めているように感じられます。

そもそも今現在、声優としてきちんと生計を立てられている人はいったいどれくらいいるのでしょうか。

雑誌『声優グランプリ』付録『声優名鑑』によれば、2001年に掲載された声優の数は370名以上。それが15年には1192人になっています。

おそらくそこに掲載されている声優はトップ・オブ・トップスの存在で、業界ではよく知られた、多くのファンを抱える方ばかりだと思います。ただ、その存在だけを考えても、数は15年で3倍程度まで膨らんでいることが分かります。さらにWebサイト「声優データベース」によれば、登録者数は約4000名、総数としては約1万人と言われています。

確かに僕が声優の仕事を始めた30年前に比べれば、仕事の幅も機会も広がっています。とはいえ、それでも必要とされる声優の数は、全体として300人程度と言われているようです。

今では声優を抱えるほとんどの大手事務所は養成所を作り、数百人規模の生徒を抱えています。そうした結果、志望者数が30万人にまで膨れ上がったと言われるのでしょう。

なお現在、声優業界でもっとも大きな事務所に所属する声優の数はおおよそ３００人とされています。もしその全員が食えているとすれば、一つの事務所だけで業界全ての仕事を回せる、ということになります。これはつまり、「どれだけ多くの声優が食えていないか」という実情を表しているとも言えそうです。

声優経験のない講師に学ぶ意味

若い方が今「声優になりたい」と考えた際、最初に思い浮かぶのはおそらく専門学校への進学ではないでしょうか。

確かに声優が人気の職業となった現在、声優科を持つ専門学校がたくさん開校しました。16年現在、インターネットで調べたところ、大手の全日制のみで30以上の学校があることを確認できました。夜間や土日のみ、さらには中学生の進学先としての高等部も登場し、それぞれのニーズに合った学び方が選べるようになっているようです。実際に、現在活躍している声優の８割は専門学校出身者と言われています。

しかし声優の現実を見れば、あくまで属性としては「個人事業主」であって、決してその立場は一般的な会社員でも、公務員でもありません。定型の仕事が存在するわけではなく、不安定なままで、求められる仕事や立場は人によって本当にさまざま。学校で学んだからといって、決して全員が声優になれるわけではないのです。

しかも、もしあなたが声優を志し、声優科のある専門学校に進学しても、必ずしも現役声優が講師として授業をしてくれるとは限りません。もちろん、声優が講師を務めていることも多いですが、中には「技術を教える」ための知識や教育を受けた方たちで、誤解を恐れずに書けば、この混沌とした声優業界と、本当の意味で覚悟を持って向き合ったことのない講師がいることも事実です。それがどういうことを示すのかは、第1章の内容を読んでいただければ、よくお分かりのことでしょう。

その場合、講師は現役の声優ではなく、あくまで「学校の先生」ですから、生徒たちはそれぞれの学校が作成したマニュアルに沿った授業を受けることになります。学校のカラーが色濃く表れた節回しを学び、まるで楽譜をたどるような声を習得しかねない。

それに専門学校を卒業したからといって、よほど「天分」の才能を持っていない限り、すぐに声優としてデビューできるわけではありません。声優科を持つ専門学校は二年制が多いようですが、多くは2年生になった頃、次のステップとしていよいよ声優事務所、その養成所へのオーディションが待ちうけることになります。

さらに言えば、ここでどの養成所を受けるかで、声優としての人生に大きな差が生じます。人気声優を抱えていない小さな事務所が持つ養成所の場合、多くは大手より早く、12月くらいからオーディションを始めます。これは大手事務所よりもなるべく早く、良い人材を囲い込む〝青田買い〟をしたいという狙いからのこと。そこで入所した人材には「特待生」という称号を付けることもあるようですが、社会に出てしまえば何の価値ももたらしてはくれないでしょう。

そもそも決まった声優への道などない

ではそのような、ある意味で声優を目指す歩みの「王道」を進むには、いったいどのくらいのお金がかかるのでしょうか。

ざっとですが、専門学校は1年目に150万円、2年目に100万円ほどはかかります。そしてその後、養成所に入ればまたここでもお金がかかります。養成所のほとんどは一年制ですので、約60万円といったところでしょうか。ですが僕が講師を務める養成所は希望すれば無期限でいられますし、それぞれの養成所によって状況はさまざまです。

こう書くと、あまりにお金がかかることに驚き、声優を目指すこと自体、尻込みしてしまう人もいるかもしれません。しかし間違えて捉えてほしくはないのですが、資質や実力、そして「声優になりたい」という強い熱意が伴えば、実は専門学校に行かずとも、養成所に通わずとも、直接事務所に所属することは不可能ではありません。

たとえば僕が所属するアクロスエンタテインメントに所属する、花江夏樹さん。

朝のテレビ番組、「おはスタ」のＭＣで人気を博した彼は、12年に正式所属になってから、早々とトップ声優の仲間入りを果たした若手のホープです。花江さんは、昔からの憧れである山寺宏一さんがアクロスにいるということもあり、直接事務所へボイスサンプルを送ったそうです。そして送ったサンプルが社長の目に留まり、社内ワークショップを受け、そのまま正式所属となりました。

確かに、彼には豊かな才能があったから受け入れられたのであり、才能と実力が伴わない志願者からの入門希望は、ほとんどの場合、門前払いをされてしまうでしょう。ただ、稀な例とはいえ、人より抜きん出た実力さえ備わっていれば、彼のように「飛び級」をすることは可能なのです。

だから、繰り返しますが声優への道のりを歩むために必ず声優学校の門をくぐらなければならない、などということはありません。そもそも僕自身がそうでした。

ただ業界全体として、良い側面として声優を目指す若者に具体的な道筋を作ろう、技術を高めようと考えた結果が今の状況を生んでおり、一方で悪い側面として、あたかもそれが近道のようにイメージが作り上げられてしまったことがあります。

確かに「学校に通っている」という事実があれば、安心感は得られるかもしれません。まわりに同じ志を持つ若者がいるでしょうから、そうした環境も心強いかもしれません。しかしそれだけのことであり、何かの資格が得られるわけでも、事務所へのパスポートが渡されるわけでもない。要は、あなた自身に業界で戦えるだけの実力が備わっているかどうかなのです。もし花江さんのように、憧れの先輩の事務所で声優になりたいといった強い意志や、抜きん出た才能が自分にあると感じるのなら、回り道などせず直接問い合わせをしてみてもいい。その事実はここで知っておいてください。

売れる声、売れない声

毎年多く業界に入ってくる新人声優たち。学校や養成所の存在があるために、平等に競争を始めるようなイメージがありますが、そのスタートラインからして決して平等ではありません。そして専門学校を卒業してプロになるまでに、そのスタートラインのわずかな差は、徐々に大きな差となって現れてしまいます。

先述したように、養成所というのは、声優の専門学校を卒業した人が声優事務所に所属するために、さらに学び、技術を磨く場です。現在、声優事務所のほとんどが養成所を持っていて、それぞれの養成所で定められた期間を学び、定期的に行われる「査定」に合格すれば、晴れて養成所を運営している声優事務所へと所属することができます。僕も養成所で講師という立場で生徒たちに教えています。

16年現在、僕は「R&A Voice Actors Academy」や「ラジオ大阪声優&アナウンススクール」といった場所で講師を務めていますが、たとえばほぼ同期で卒業して、見事事務所に所属できたとある新人声優３人だけを見ても、数年経たないうちに大きく差が生じていました。

一人は、早速人気を獲得し、すでに声優としての収入のみで生活をしています。もう一人は、事務所所属の傍ら、アルバイトをしながらチャンスをボチボチ獲得し、何とか声優の仕事を続けています。さらにまたもう一人は、未だほとんど目立った仕事に恵まれることはなく、このままでは声優としてのキャリアを終えてしまいそうです。

　では早々と声優としての地位を勝ち取った人と、その過程に立つ人、さらにはチャンスすら得られていない人。彼ら３人にはどんな違いがあったのでしょう。

　最初に挙げた、早々に声優として成功している彼は、養成所の受講生の中でも目立つ存在でした。と言っても、決してルックスが良いとか演技力がずば抜けて良いということではありません。彼はそもそも「演技」をするということがまず何よりも「好き」であり、その上で非常に貪欲で、僕が生徒たちと話すときには、必ず率先して動き、意見を述べていました。

　彼の質問に対して答えれば、素直にそれを理解しようとしていたし、またそういった機会を得られたことを喜んでいました。そして、驚くほどの早さで吸収し、実力を付けていきました。一歩間違えれば「クサい」とか「媚びている」と思われそうですが、彼が純粋に演技をすることに喜びを感じていたのは誰の目にも明らかでした。

　そして彼には及ばなかったかもしれませんが、ほかの二人も査定に合格して事務所所属になれるくらいなのですから、それなりの熱意や輝きはあるはずです。もちろん努力もたくさん重ねたことでしょう。

　残酷なようですが、それでも彼らの間には差が付くだけの要因が、やはりあったのです。

そしてそれに気付いたか、気付かないままかで、声優としての生命が続くか、絶たれるかも決まってしまうのです。しかし、それが「センス」です。第5章で詳述しますが、それらの「センス」があるかないかで道は大きく分岐していきます。

声優のギャランティはどのようにして決まっているか

アニメ1作に出演した際のギャランティは「日本俳優連合」が定めているランキングに応じて決まります。基本的に「日本俳優連合」「日本マネージメント協会」「音声連」という3社が、声優に関しての取り決めを設定していて、その一つが「ランキング制度」です。

声でちゃんと収入を得ている人、つまり「プロ」と公言できるのは、基本的に日本俳優連合に加入している声優が該当すると思われます。

日本俳優連合に登録されているということは、自費出版などでなく、流通に乗るようなCDドラマやアニメなどに出演した人と考えられるので、もちろん自称でなく、「声でお金を稼いでいる」プロの声優たちと言えるでしょう。

現在、日本俳優連合には約1800名の声優が加入していますが、これは「声優」を専業している人の数ではありません。俳優が声優を兼業している場合も数に加算されます。また、いわゆる「ジュニア」ランクの人は別に300名ほど存在しています。

なお、日本俳優連合が定めている最低のギャランティは1本で1万5000円。そこから1000円刻みで上がっていき、最高で4万円まで上がることになります。それ以上の立場は「ランク外」とされ、ギャラはその都度交渉する形になります。おそらく業界内でも数名程度しかおらず、彼らが声優ヒエラルキーの頂点に立っています。

たとえばアニメの主人公を演じたからといって、「主人公手当」のようなものは存在しません。あくまでランクに応じたギャランティに対し、30分、60分、90分など、放送時間によってそれぞれの掛け数が変わります。さらに時間帯や、地上波かケーブルテレビかといった区分でも増減し、ようやく声優が得られるギャラが決まります。

なお、まだキャリアが浅い「ジュニア」の場合、放送時間帯などで加算される掛け数がなく、90分だろうと30分だろうと、どんな場合でも一律1万5000円で仕事を受けることになります。彼らはあくまで「お試し期間」とされ、少なくとも2年間、その状況で仕事をしなければなりません。

こうして聞くだけで、非常に厳しい業界のように感じられるかもしれません。残念ながらそれは事実であり、声優が「食えない」事情の中、「ジュニア」の制度を利用した、「スーパージュニア」と揶揄《やゆ》されるような存在まで出てきています。

どういうことかと言えば、「ジュニア」という立場を卒業してランクが付けば、ギャラが上がります。本来なら誰もが目指すべきことであり、嬉しいことのように思いますが、それによって安価なジュニア扱いのときになら得られた仕事を失う場合も多い。そうなると食べていけないから、あえてジュニアに留まろうとする声優が少なからずいるのです。

もちろん安さだけを追求して、彼らを使い続ける制作側にも問題はあります。ただ、それほど今の声優とは、それだけでなかなか食えない職業になってしまっているのも間違いありません。

声優として残るために必要な「要素」

僕が教壇に立って教えた中で、見事プロとなった生徒も多くいます。しかし夢半ばで挫折する生徒は、それよりはるかにいます。では声優になれた彼らが今なぜ第一線で活躍できているかといえば、僕の教え方が特段良かった、ということではもちろんなく、単純に「声優になりたい」という欲求が他の人よりも強かったからに違いないでしょう。

もちろん人の欲求の強さは測れるものではありません。しかし正しく、強い欲を持ち、その欲を喜びにできる人は第三者の目からは好感をもって受け止められます。そしてこう言っては元も子もないのかもしれませんが、そこに生まれ持った資質や環境が加わって、声優として生き残る可能性がまた変わっていきます。

たとえば、単純なことですが、東京などの大都市に実家がある人と、地方に実家がある人ではモチベーションは変わります。

自宅から学校へ通うことができる人と、一人暮らしをしなければならない人とでは、それぞれの覚悟や生活環境は大きく異なるはずです。飛行機に乗らなければ東京に来られないようであれば、学校に通うために、両親を説得するために多大なエネルギーを必要としたはずですし、一人暮らしをすれば自活をしないとならないわけですから、学ぶこと以上に、それだけで大変な負担や不安が生じます。

また、説得をしてまで上京したのなら、めったなことでは挫折できない覚悟があるはずです。もちろん都心に住んでいても強い覚悟がある方は沢山いるでしょうが、地方在住の方は、より強いものを強いられます。そしてこうした覚悟をいくつ積み重ねられるか、ということこそ、この過酷な競争の中でも声優としての自分を強くする、大きな要素になっていると思います。

さらに資質という面で言えば、「華」という部分が、その成否を大きく左右するようになりました。アイドル的な要素まで求められかねない現在の声優業界では、特に新人や女性において「ルックス」面が重要視されるようになっています。その理由や傾向はまた後述しますが、この面は残念ながら熱意だけではなかなか及ばないところでもあります。

声優になるための「貪欲さ」、演技を高めたいと思う「信念」、声で食っていくという「覚悟」、そして、持ち前の「華」。これらの要素が一つになって、あなたが声優としての道を歩めるかどうかが決まります。

先述した新人声優３人のうち、成功している彼は今も仕事を増やし続け、ほかにアルバイトもせず、着実に声優道を歩んでいます。そうなると、経験や技術の積み重ねが始まり、仕事を獲得できていない声優との差はますます広がるばかりです。数年すれば、その差はもはや覆せないほどになってしまうかもしれません。

現在、僕が所属しているアクロスエンタテインメントの新人で、声優としての収入のみで食べているのは、一割いるかどうかという程度ではないでしょうか。何とか事務所所属までたどり着いても、またそこで大きな差が生じ、残る声優と消える声優が今日も生まれているのです。

たとえば人とコミュニケーションをすることに長けている人ならば営業職が向いているかもしれませんし、地道にコツコツと作業を続けられる人なら事務職が向いているかもしれません。それと同じく職業としての声優も当然、向いている・向いていないという側面があります。

そしてそのことは、夢や憧ればかりを語りがちな現在の状況ではなかなか認識できず、出口まで進み、それこそ社会に出て初めて分かるような事態が続いています。さらに言えばその出口すら年を追うごとに狭くなっている、という事実は頭に置いておいてください。

声優に求められる役割とは

多メディア化が進みニーズが広がった昨今、声優にはいろいろな要素が求められるようになっています。その一つが、先ほど触れた「華」です。

吹き替えやナレーションといった「声」が必要とされる本来の仕事のほか、ラジオやイベントなど、それなりのコミュニケーション能力が求められる機会が増えました。時にはステージで司会を任されたり、場合によっては歌手活動をしたりと、完璧を求めるのならば、実にさまざまな技術が必要になります。実際、僕自身もアニメの現場よりラジオの仕事の方が多いような週もあれば、「すべての週末でイベント」といった月もあるなど、声優の仕事について、従来の考え方が通用しないことを痛感しています。

特に近年よく目にするのが、「アイドル」としての活動です。学校や養成所でも、歌やダンスのレッスンが必修になっているところが増えているようです。

アイドル声優と呼ばれるようなポジションが生まれ、声優としての活動が多岐に渡り始めたことで社会的評価が高まっているのは、職業としてみれば、非常にいい傾向だと思います。ただし、外からの見られ方と実際に声優として活動している我々との感覚が乖離《かいり》していることには、少なからぬ危惧を覚えています。

現在のアイドル声優などは、自身を「芸能人」として捉えている方が多いようです。また、ファンもそのように考えている節があります。

もちろんアニメなどに声を当てていますので、顔は出していなくとも「テレビに出ている人」という位置付けは間違っていないでしょう。

しかし、本来の「声優」として要求される仕事の内容を考えれば、職人的な部分が未だ強く残っています。よりよく声で伝えるためのスキルやテクニックを磨き、それを活かすことが、まずは声優という職業に携わる大前提になります。

そうした前提が満たされて初めて、イベントや歌手活動といった「華やかな」仕事が存在している。その現実から目を逸らし、声優を目指す人の多くが、最初から華々しい部分にだけ着目して志願し始めた状況に対して、そしてその周辺も、意図的に華やかな部分ばかりを強調して若い子にちらつかせる現状に、僕はとても不安を覚えているのです。

もちろんそういった状況も理解できます。そもそも僕自身が演じることを志した原体験は、大勢の人から注目を浴びたときに覚えた快感でした。その快感がある以上、スポットライトを浴びる、派手な活動に目が向くのは当然です。

しかし、立ち止まって考えてみてほしい。本来求められる声優としての能力を磨くことを怠れば、一体どんなことが起こるでしょうか。もしかすると、持ち前の華やかさや天賦の才で、一瞬の輝きは手に入るかもしれません。しかし声優としてのあなたの「声」は、はかなく消えて、誰の記憶にも残らないはずです。

声優を応援してくれるファンの心理を考えてみると分かりやすいかもしれません。

声優のファンの多くは、そもそも作品の「役」「キャラクター」に対しての愛情があり、その声を担当する声優へ愛情を投影している場合がほとんどです。だから、声優がその作品のキャラクターに言霊を込めて演じない限り、誰も魅了することはできず、応援もしてくれないでしょう。さらに言えば、もしファンを獲得できたとしても、キャラクターがあってのあなたの「声」であり、多くの場合、その人気はあなたという存在だけに向けられたものではないはずです。

しかし、昨今の声優人気の高まりの中で注目を浴びる機会も増えているからか、そうした事実を理解するチャンスが少なくなってしまいました。しかも声優のファンは、多くのコンテンツに触れ、非常に感覚が研ぎ澄まされているので、中途半端な演技や覚悟はすぐに見透かされてしまいます。何とか人気を得たとしても、一度失敗をしてその期待を裏切れば、なかなか同じステージに戻るのが難しい時代になっているのは、芸能人と同様で、よくお分かりのことと思います。

だからこそ、「一生自分の声で食っていきたい」と考えているのならば、やるべきことは見えてくるはずです。

華やかなステージに立つために向ける努力以上に、声優として認められる道をまず歩むしかありません。それは「職業・声優」としての技術を高めることであり、覚悟を持つということです。職人としての声優の立場を理解し、その上で何をすべきか、自分の頭で考え、行動してほしいと切に願います。

なぜ声優は「職人」なのか

ちなみに、なぜ僕が声優を「職人」と表現しているかと言えば、求められる仕事の多くの部分はクライアントがいて、その要望に応えることが仕事だからです。さらに言えば声優という職業は、職人としての資質が8割、芸術的な資質が2割程度の割合で必要だと考えています。

どんな役で、どんなシーンであなたの声が、演技が求められているのか。その組み合わせは確かに無限ではありますが、あなたが選ばれた以上、求められる理想の声と演技が存在しているのは事実です。

そしてその要望は、その場の付け焼き刃で出したもので応えられるのではなく、あなたの過去の、その積み重ねの果てに初めて到達できるもの。つまり日々の努力で磨かれた技術があって、初めて演じることができるようになるはずです。

そうした職人とも言える技術が土台にあって、その上で性格や個性、緻密さを組み合わせて、役の魅力を高めるのがベテランの技術であり、魅力であると言えるでしょう。

どんなベテランだろうと現場に行く前には、台本を片手にコツコツと予習をし、口パクを合わせるという作業は必須で、これらの準備はやはり職人仕事であり、華やかさとはある意味で無縁なのです。

職人としての声優の反対側に存在しているとイメージされやすいのが、大作アニメ映画や洋画などでよくキャスティングされる芸人や俳優、タレントでしょうか。

そうしたキャスティングを考えるのは、あくまで監督や制作会社側であって、僕の立場としては何も言えませんが、声優としての良し悪しの判断基準を述べるのであれば、それはあくまで作品を見ていて違和感を覚えるかどうか、ということだと思います。

違和感なく作品に没頭できたのならば、そのタレントはいい演技をしているということであり、少しでも違和感を覚えたのなら、残念ながら声優としてのニーズを満たしていないということになります。

特に俳優は普段声だけに頼らず、顔の表情や身振り手振りといった身体を使って演技をしていますから、声優としての演技をする場合、作品中での役とうまくシンクロできていないように感じられる場合が多い。

しかし彼ら俳優やタレントは声だけで演じる技術がなくて当然ですし、そもそも声優としての立場を求められてはいないとも言えます。

制作会社が声優を起用する場合、僕たちのギャランティは制作費から捻出されますが、タレントを起用する場合、彼らのギャランティは広告宣伝費から出されている場合があるのも、そうした事情の背景になっているかもしれません。

よくテレビのワイドショーなどで、タレントが吹き替えを務める新作の公開アテレコをしている場面を見ることがあります。人気タレントが作品に出演すれば、メディアは取材に来てくれますし、制作会社にとっては非常にありがたい存在です。だからこそ広告宣伝費を使ってでも、彼らを起用しているのです。

ですが、作品の質を本当の意味で担っているのは、現実としてアニメーターや音声など、多くの職人たち。僕たち声優も、例外でなくそれに該当していることを忘れてはなりません。そして作品はあくまで制作サイドの所有物であり、僕たち声優はいかに彼らの要望を確実に満たせられるかが重要です。

作品の質を高める上で、職人の存在は欠かせません。そして声優もやはり職人であって、話題を呼ぶために存在するわけではない、という事実を決して忘れるべきではないと僕は思います。

残る声、消える声

男性声優で言うと、少し前の世代だと甘い王子様系の声が、最近ではキーの高い声が特に求められているように感じます。

流行する声、もしくは人気の声はもちろん存在します。テレビのナレーターなどは如実で、同じ人の声をいろいろな番組で聞くことはよくあると思います。たとえば一日テレビを点けていると、「世界の果てまでイッテQ」のナレーションなどで有名な立木文彦さんの声が何度も聞こえてきた、なんて経験はきっとあるはずです。

ナレーションが大きな意味を持つテレビ番組だと、制作会社側としても安定した実力や人気があるベテランを好んで起用します。だから同じ人に集中して仕事が殺到するのは仕方がないかもしれません。

アニメやゲームのキャスティングも少し前までこの流れが顕著でした。非常に「旬」を重んじ、声優そのものの人気を当然のように重要視していました。

その理由は、何と言ってもソフトを「売らなければならない」からです。たとえばアニメ作品の場合、地上波放送や映画の放映期間が終わった後も、ＤＶＤやブルーレイ、アニメから派生するキャラクターソングやイベントチケットなど、いろいろな分野で収益を上げることになります。

そしてその稼ぎは、出演した声優の人気にかなり比例します。アニメの制作会議では、声優のSNSのフォロワー数や、以前に出したCDの売上枚数などをキャスティングの基準の一つにしていることもある、という事情が聞こえてきます。そうした背景の中、旬となった声優に集中して仕事が集まるのは当然でしょう。

もちろん同じ声優ばかり起用し続けると、それはそれで厳しいファンたちからは飽きられてしまいかねません。インターネットを通じ、そうした声がハッキリ見えるようになった昨今、ネガティブな評判が募ればそれはそれで死活問題となりますから、少しずつ次世代の声優と入れ替えていくことになります。

そのスパンは、現在の男性声優で7年くらいと言われています。今のアニメのキャスティングを見ていると、ちょうど今、2000年代前半に一世を風靡《ふうび》した声優たちの入れ替え時期に該当するかも、と個人的に感じています。

しかし女性声優の入れ替え時期は平均するともっと短い。長くても5年前後ではないでしょうか。

特に若手の場合、どうしてもタレント性が求められる女性声優だけに、その寿命は短いと言われていました。僕もこれまで多くの女性声優とアニメに出演し、ラジオ番組をしてきましたが、数年一緒に仕事をしていても、出番を終えたらそのまま共演することがなくなった、と感じた経験が多くあります。

20代で毎月のように雑誌の表紙を飾っていた女性声優たちも、だいたい平均すると30代前半に差し掛かったくらいから、もしくは結婚などを境に姿を見かけなくなる場合が多い。最近だと10代から声優活動を始める女性声優が多く、競争も激しくなっていますので、すでにもっと短命になっているかもしれません。

先述のように、「旬」を迎えて仕事が集中する時期はスケジュールの管理が難しかった声優も、ひとたびそれが過ぎれば同じような活躍は困難になります。特にアイドル的な人気に頼りすぎた場合、「アイドル」の部分が何かの拍子で欠けると、途端に売り方が難しくなり、マネージメントの方向性を見失いかねないことが多いようです。

そのため「旬」を避けては通れない若手の女性声優だと、事務所に所属し続けてはいても、事実上「開店休業」状態となる人があまりに多い。人気作品のメインキャラクターを演じ、一時代を築いた人だろうと決して例外でなく、ある程度の年齢になった頃、事務所を移籍する人もいれば、そのまま辞めてしまう人も数え切れません。

そしていよいよ近年、男性声優に対してもこうしたアイドル的売り方の風潮が強く見られるようになりました。

詳しくは第4章で記しますが、「とにかく大量に安く」という風潮が一方で生まれてきてもいて、入れ替えのスパンはさらに短くなっているように感じています。特に「旬」や「華」の要素が強く求められるようになった若手の場合、男性も女性も、これからは同じ状況にある可能性が高いと考えておいたほうがいいでしょう。

ただし「旬」や「華」に頼り、一時の人気に甘んじ、軸足を声優以外のところに置いてしまえば、残念ながら長く親しまれる声優の地位には決して就けず、いずれ苦しむことになるはずです。そのことは人気作に恵まれながら、その後ドン底を味わうことになった自分だからこそ、断言できます。

どの生き方がベストだ、ということは誰にも言えません。しぶとく長く、声優でい続けることが正しいわけではなく、一瞬だけ輝いて潔く散るのも、現在の声優業界を考えればさもありなん、と感じます。

しかし、あくまで自分は誰かの記憶に残り続ける声になりたい。自分が死んだとき「もうあの声が聞けなくなるな」と誰かに悲しんでもらえるような、そんな心に残る存在になりたい。

そしてファンにそう思われてこそ、真の「声優」なのではないかといつも考えているのです。

COLUMN

「声優は売れない俳優がやる」とされた時代について

僕が子役時代に在籍していた「劇団こまどり」。ここは基本的にはいろいろな仕事を受ける劇団で、子役時代、たとえば月曜日はテレビドラマ、火曜日はコマーシャルの仕事、水曜日はコマーシャルソングを歌い、木曜日は洋画の吹き替えをする、といったように、多様な仕事を振り分けられていました。

ですので、僕も実は小学生の頃から「声優」という仕事そのものには多少携わっていたと言えます。おそらく小学校高学年の時、ＮＨＫの海外ドラマ「大草原の小さな家」で端役を演じたのが、僕にとって、本当の意味での声優デビューでしょうか。その後もラジオドラマや吹き替えなどに呼ばれましたので、声優としての自覚があったかどうかは別として、かなり若い頃から似たようなことはしていました。

しかし、その当時の声優という仕事について感想を聞かれれば、正直言って「辛かった！」の一言。

僕が子役を務めていた頃は、まだフィルムで撮影する時代でしたので、現在のデジタルとは比べものにならないほど、多くの手間がかかっていました。

洋画一本を吹き替える場合、それこそ朝10時から夜11時まで、まったく話の合うことのない、それこそ親以上の世代の大人たちと一緒に、狭いスタジオの一室に拘束されます。しかも当時、声優を演じていた人は「俳優」としてのプライドが高く、あくまで仕方なくやっている、という認識で仕事をする人がまだまだ多かった。だからこそ、決して少なくない数の方が子役に対し、辛く当たっていました。

とある子役がセリフを間違えてしまったとします。今なら、収録機器をちょっといじれば巻き戻すことができますが、40年前は、わざわざフィルムを巻き戻さなければなりません。それだけで沢山の時間がかかり、スタジオの中の全員にストレスが募ります。

収録の環境も、今とは違っていました。

洋画の吹き替えの現場では英語を聞きながらアフレコをしますので、必ず片耳のヘッドフォンをつけるのですが、今とは違い、それぞれがコードでつながっていました。そのため、何回かアフレコをしているうちにどんどんコードが絡まっていき、大変なことになります。

そこにきて不慣れな子どもがスタジオに入ると、ますますトラブルになりかねないので、やむなく子役には優先してマイクとヘッドフォンが与えられたりする。そうした特別待遇をされる子役という存在は、ベテラン勢にとって、やっぱり癇に障ってしまう存在なのでしょう。

だからこそ子どもだった僕らが間違えれば、大人たちはこれみよがしに舌打ちをしたり、わざわざ聞こえる声の大きさで「これだから子役は」と愚痴をこぼしたりしていました。ただでさえ大人たちの中に、子ども一人で入る緊張感があるのに、それに加えて冷たい仕打ちをされることは、苦痛以外の何物でもなかったのです。

ですから子役のときに洋画の仕事が来ればいつも憂鬱《ゆううつ》になりましたし、声優として声をあてている大人たちにも良いイメージがありませんでした。その上、劇団の先生からは「声優は、売れない俳優がやむなくやる仕事」だと言われていましたので、長い間、「声優」という仕事に対して良い印象を持つことがなかったのかもしれません。そして過去に同じ経験をした人たちは、多かれ少なかれ今もその印象を持っていると思います。

振り返れば、今でも第一線で声優を務められている野沢雅子さんや小原乃梨子さん、八奈見乗児さんらは、当時から声優としてのプライドをお持ちになり、子役だった僕に優しく接してくれたことをよく覚えています。

でもそういった人は決して多くはなく、その頃を振り返れば、苦々しい想いが先に浮かびます。それだけに現在、「声優」という職業が子どもたちの憧れの職業になっていることには嬉しい反面、やや複雑な気持ちを覚えています。

第3章

職業としての「声優」論

「声優・岩田光央」の評価額

前章では、すでに社会に出て戦っている声優やそこに続こうとしているみなさんに立ち塞がることになるかもしれない、厳しい現実についてお伝えしました。では、確かに厳しい状況の中で、声優という仕事そのものにどう向き合うべきなのか、そして声優という職業はいったいどうあるべきか、この章では僕なりの考えを伝えていきたいと思います。この章を読んで、声優に向き合う「意志」や「覚悟」が本当にあなたに備わっているかどうか、今一度確認してもらえればと思います。

小学生の頃に初めてカメラの前で演じることに、そしてたくさんの人にそれを見てもらうことに快感を覚えてから、僕にとって演じることは楽しみとなり、生業となり、いつしか生きる活力となりました。

もちろん、その時々で不安になったり、岐路に立ったりしたことはありましたが、いつだろうと「演じることをあきらめる」という選択肢だけはなぜかありませんでした。俳優として全身で演じていた過去も、そして声優として声で演じている現在も、その気持ちはまったく変わっていません。

それだけ絶えず強い意志を持っていた理由を考えれば、やはりキャリアの長さも影響しているように思います。

僕は10歳から「演技」を始めました。それを49歳になった今まで40年近くも続けたのですから、食事をしたり、風呂に入ったりするように、生活の中に「演技」が根付いてしまいました。もちろん今の時点での想いとしても、できるなら死ぬまで一人の声優でいたいと考えています。

10年前、都心に家を建てた際、僕は「声優」という肩書きを用い、銀行から無担保でその購入費用分の融資をしてもらいました。

担当した銀行員は、僕がこれまで関わってきた仕事の資料をあらん限りに用意してきて、それを元に「声優・岩田光央」にいくらお金を貸すことができるか、その評価額を弾き出しました。そして、その担当者は僕という存在の資産価値を計算するとともに、「声優の方は売れると息が長いから」と、数千万円にも及ぶ大きな融資を決めたのです。

では、どうして僕にそれほどの価値を見出してもらえたのでしょうか。

一つには、先輩声優たちが続く僕たちにもつながる大きな信用を残してくれていた、ということがあると思います。

確かに声優という職業は人気稼業ですから、浮き沈みは付き物です。ただし、声や演技に磨きをかけ、ブレずに生き残るための手段を模索し続けていれば、一般的なサラリーマンが定年を迎える60代どころか、70代、80代だろうと活躍することも不可能ではありません。実際、その世代に差し掛かっても、活躍を続ける大先輩は多くいらっしゃいます。そのような事情もあって先の銀行員も、「芸人やタレントといった芸能的な商売の中でも、名の知られた声優の方は融資しやすい」と言っていました。

そして銀行が融資をしてくれたもう一つの理由、それはつまらないことかもしれませんが、単純に僕が子役の時からその銀行を使い続けてきた、という事情があると思います。

子役時代から僕は収入を得るようになっていたので、いくら払われているか、といった細かい事情は知らないなりに、僕名義の口座を親に開設してもらい、それをずっと使っていました。成人してからも、事務所を移っても、ギャラが振り込まれる口座はそれ一つにしていたこともあり、結果としてその銀行からの信用は高くなっていたのかもしれません。

結局、家を建てる相談もそのまま同じ銀行にしたこともあって、ほかの金融機関で価値を試算してもらったらどんな結果になったかは分かりません。しかしこの融資額から考えるに、声優としてきちんと実績を積んでいれば、客観的に見て社会での信用を得られる、という証左のように僕は感じます。

もちろん声優かどうか、さらには岩田光央かどうかということ以上に、とんでもない不景気が来れば、融資の事情は大きく変わるでしょうし、いつでもスムーズに銀行からお金を借りられるとは限らないでしょう。

しかし「声優」の一員として、そして「岩田光央」として、多額の融資を受けられたことは誇りに感じています。しかも僕が先輩からのバトンを次世代へ確かにつなぐことができたこともまた、とても嬉しく思っています。

自分の声が、仕事が価値を生み、職業として社会的に認知される。声優として活躍できれば確実に意義のある、そしてやり甲斐のある職業であるという事実は、前提としてまず理解しておいてください。

個人事業主として生き抜く「覚悟」を

声優という職業そのものについて考えた場合、社会的な類型としては「個人事業主」となります。「当然だろう」と考えたかもしれませんが、ここで今一度、その立場を真剣に理解していただきたいと思います。

事務所に所属すれば、会社員のように守ってもらえるイメージがあるかもしれませんが、決してそんなことはありません。福利厚生や有給、産休や退職金などあらゆる面で、組織に所属する立場と異なり、それらすべてを自分自身でコントロールしなければなりません。当然、給与も保障されてはいませんから、一切仕事が入らなければ収入はゼロです。

しかし声優という職業は、芸能色の強い職業と思われがちだからでしょうか、あまりに刹那的に、将来のことなど二の次だと考えている志望者が多い。僕の意見を言わせてもらえば、それはとても大きな間違いです。

繰り返しますが、声優になること自体がゴールではありません。声優が長く食える職業だ、と先ほど記しましたが、それは裏を返せば、その道を歩むのなら生き残りをかけた競争がずっと続く、ということを意味します。

だからこそ、5年先、10年先、そして20年先の姿を常に思い浮かべなければならない。自分はその未来に、いったいどのような生き方をしているのか。

もちろん、この本を手に取っている方は、声優という職業に興味を持っている人はもちろん、すでに声優への道を歩んでいる人も、「ずっと声優として活躍していたい」と考えている人が多いのかもしれません。

しかしその活躍を支える要因の一つである「人気」というものは、自分の力でコントロールできるものではありません。長い期間となれば、それはなおさらです。

では長い期間を生き残るという意味で、今日からどんな準備ができるのでしょうか。

やや唐突に感じるかもしれませんが、まずは確定申告にトライすることをオススメします。お金の動きを知り、その価値を理解することは、単純に一人の社会人として、長い人生を生きていく上で、とても大事なことだからです。

現実として声優という職業に就けば、確定申告を毎年必ずすることになりますので、その準備でもあるのですが、いずれにせよお金の価値や意味を理解する場として、確定申告は始めの一歩になりえます。

お金の話題を進めますが、あなたが何かの仕事と兼業せず、声優としての収入だけで食べていけるようになれば、今度は手に入れたお金をいかにして守り、残すかまで考えなければなりません。

声優と一言で言っても、そのあり方は人それぞれです。声優の仕事だけを続け、それだけで十分に食べていける人もいれば、個人のキャラクターを活かした歌手活動やイベントなど、作品と離れた別の仕事で稼ぐ人もいます。もちろん僕のように養成所の講師の仕事を並行して行い、それまでに得たノウハウを若い世代へ伝えようとする人もいます。また、声優として培った人脈などを用い、途中から進む道を変え、演じる側ではなく、制作者側としての仕事を手がける人も少なくありません。

ラジオの現場などでパーソナリティを務めていた声優が、台本を書く面白さに興味を持ち、放送作家を目指し始めた人もいます。またゲーム好きが高じ、自らがゲームをプロデュースし、キャラクターとして演じたというパターンもあるそうです。きっと彼らは、声優という職業に就いて、真摯にファンと向き合っていたからこそ、大勢のファンに求められる作品を知ることができ、作ることができるのかもしれません。

「稼ぐ」という視点で考えた場合、最近では声優自身が代表となり、声優事務所を立ち上げるケースがよく見られるようになりました。

その先駆であるのが、「Dr. スランプ アラレちゃん」の則巻千兵衛役などを代表作に持つベテラン声優、故・内海賢二さんが創業した「賢プロダクション」でしょうか。さらに洋画の吹き替えでトム・クルーズらを担当している森川智之さんは「アクセルワン」、海外ドラマ「フルハウス」や「ビバリーヒルズ高校白書」などで活躍している堀内賢雄さんは「ケンユウオフィス」を立ち上げるなど、代表取締役などの仕事をこなしながらも、声優の第一線で活躍を続ける方も多くいます。

自ら声優事務所を立ち上げた理由はいろいろあるとは思いますが、その一つとしてもちろん「稼ぐ」という目的があるのも事実でしょう。こう言ってしまうといやらしく感じるかもしれませんが、個人事業主である以上、収入を最大値まで増やす手段を考え、自らの判断で実践することは当然です。

もし個人で声優を続けるのなら、商品は「あなた」だけになります。それだとコンビニのようにいろいろな商品を売ることはできないし、それでいて「旬」がある以上、売れ残るリスクを減らすことはとても難しい。

だから事務所を立ち上げることで自らが「問屋」になり、なるべく多くの声優、つまり商品を扱った方がうまくいく可能性は高まります。しかも、自らが声優としてキャリアを積んでいれば、それなりのノウハウが身に付いていますから、続く世代をどうコントロールすべきか理解していますし、全体として成功する可能性はより高まっていきます。

繰り返しとなりますが、声優としての生き方はさまざまです。ただし、ただでさえ不安定な職業で、予想できない未来を歩むのですから、どれだけ稼ぎ、そして進む道を堅実なものにできるかはとても重要になります。「職業・声優」を選ぶ以上、少なからずその自覚はしておくべきです。

さらに求められる「個性」

僕は20代の間、仕事と並行して小劇団での舞台活動もしていました。

小劇団に所属することになったきっかけは、18歳の頃、ある舞台に参加したことにあります。現在も現役で活躍されている冨永みーなさん主演の舞台に参加した際、その演出を務めた人が「劇団を立ち上げる」と聞き、僕も参加させていただくことになりました。

それこそ立ち上げ当初の集客は300人くらいでしたが、最終的には3600名を超えるお客さんが入る、人気劇団へ成長しています。

僕にとって、小劇団での活動はあくまで俳優として成功するための準備の場でした。当時は顔出しの俳優としてのキャリアを描いていたので、一つでも演技の引き出しを増やそうと、懸命に活動を続けていました。

さらに劇団全体としては、舞台づくりや演出に長けて演劇の質もレベルが高く、個々の劇団員、それぞれが劇団を離れても活躍する、ケラリーノ・サンドロヴィッチさんが主宰する「ナイロン100℃」のような存在になることを夢見ていました。

しかし、僕が「ＡＫＩＲＡ」や「ここはグリーン・ウッド」などで人気を獲得すると、風向きは変わってしまいます。劇団の集客は僕の人気に依存するようになり、いつしか席のほとんどがファンで埋まってしまうようになりました。

しかも座長はもちろん、僕以外の団員も、それで客が集まるのが当たり前だと受け止めるようになり、全体として成長が止まったように見えました。その様子を見ているうちに僕自身、劇団に対しての情熱が消え、30歳を区切りにその活動を辞めてしまったのです。

こう書くと暗い印象がありますが、振り返れば、小劇団などの演劇活動はもちろん、子役、専門学校やデザイナーとして学んだこと、さらには学生時代に携わった美術部の活動やバンドまで、あらゆる表現活動が、現在の僕にポジティブな影響をもたらしてくれているように感じています。現在こそ声優という道を歩んではいますが、多方面での表現方法が集約され、「声優・岩田光央」としてのオリジナリティが作り出されていることを痛感しています。

とあるゲームのキャラクターを演じたとしましょう。ヒット作になれば、キャラクターソングが生まれ、イベントが開催される、というパターンがよく見られます。

僕の場合、学生時代のバンド活動の引き出しを開けることで、より自分らしく歌を歌うことができるかもしれません。撮影をすることになれば、子役時代からカメラの前に立つことをさんざん求められてきましたから、ベストなシチュエーションで撮影をしてもらうことができると思います。さらに、ファンとのイベントがあれば、小劇団の頃の引き出しが役に立つかもしれません。コミュニケーションの価値や方法をそれなりに理解していますから、より楽しいステージを演出することもできるはずです。

このように、特に現在の声優の活動においては、それまでの生き様が如実に表れるようになってきています。人生で経験してきたことが役者の血肉となり、それぞれの「個性」へとつながっているのです。

翻って、僕が日頃接している養成所に通う若者たちを考えてみたいと思います。もちろん声優の卵である彼らだって、個性がないわけではありません。しかし、10代の頃にアニメやゲーム、漫画に熱中した学生時代を送り、今もそれらが大好きなまま、専門学校へ入って声優を目指す人たちが、あまりに多すぎます。

もしかすると、どの作品が好きか、といったことで差異があるのかもしれません。とはいえ、二次元の世界に入り込んで初めて見出される個性は、本当に目を凝らさない限り、その差を理解することはできない。少し離れて俯瞰で見てしまえば、どれも同じように見えてしまうことでしょう。

一方、これまで声優として名を馳せてきた人を見る限り、多くは明らかな個性を持っていて、遠くから眺めても強烈な輝きを放っている場合が多いのも、また事実です。

たとえば僕が尊敬している声優として、チョーこと長島茂さんがいます。今だと「ONE PIECE」のメインキャラクター・ブルック役でお馴染みかもしれませんが、かつてはNHK教育テレビ「たんけんぼくのまち」の〝チョーさん〟役で、俳優として出演されていました。飄々《ひょうひょう》と演技をするメガネをかけた若者を覚えていらっしゃる人は、今でも多いのではないでしょうか。

そうした記憶に残る演技をするチョーさんも、僕と同じように演劇畑出身です。大学時代は落語研究会に所属していたそうで、ランニングやダンスを趣味に持つ、非常に多才な方です。さまざまな活動をしてきたチョーさんの演技は、僕の目から見ていても深みがあり、人を惹きつける魅力を存分に備えていらっしゃいます。

僕も中国茶やダイビング、寺社仏閣巡りを趣味に持つなど、なるべく声優という仕事だけにとらわれず、関心のあることがあればなるべく首を突っ込むよう、意識をしながら暮らしています。それは興味や関心の向く先を増やし、一つでも引き出しを増やすことが、また生き残りの術となることを理解しているからです。

声で演技をするだけに留まらなくなった現在だからこそ、どんな場所で、どういった経験をしてきたか、という各々のバックグラウンドが、声優としての個性や価値をますます大きく左右する時代になってきたのではないでしょうか。

「アイドル」と「アイドル声優」の違いとは

声優を目指している若い女性にとって今憧れている存在とは、単純な「声優」というより、「アイドル声優」なのかもしれません。

近年だと水樹奈々さんや、アニメの「ラブライブ!」出演者で組まれた声優ユニット、「μ's」の活躍により、声優が歌って踊るアイドル活動をすることが当然として見られるようになりました。「紅白歌合戦」に声優が出場するという状況は、一昔前からはとても考えられませんでした。

そのため、「バリバリのアイドルになれる自信はないけれど、声は悪くないし、あくまで声優として、歌って踊る存在にならなれるかも」と安易に考える人も沢山いると思います。専門学校などでも、そうしたアイドル的なニュアンスを押し出して、生徒集めをしているところが少なからず見られます。

あくまで個人的に言えば、そうした憧れを持つことは大歓迎です。僕自身、声優という立場ながら、数年前まで両国国技館や横浜アリーナのステージに立って、歌やパフォーマンスを披露してきました。今振り返ってもとても素晴らしい経験だったと感じています。

そして、それがいいことか悪いことかは置いといて、特に若手声優にとって、歌や踊りはできるにこしたことはないスキルとなりつつあります。というのも、作品の背後にいる企業の戦略が、声優へ大きく作用するようになったからです。

かつてのアニメ業界は、アニメの地上波放送が終了すれば、作品を収めたビデオやＤＶＤを販売するなどして、収入を得ていました。それから、キャストによる歌やオリジナルドラマを収録したレコードやＣＤも販売されるようになりました。つまりコンテンツをソフト化することで新たな収益を生む、という流れがスタンダードでした。実際、それなりにソフトは売れ、それでさまざまな関連企業が潤う構造になっていたのです。

しかし現在、ソフトが売れなくなりました。たとえば僕が出演した「ここはグリーン・ウッド」のラジオドラマＣＤは、１９９０年代の当時、約３万枚売れています。しかし同様のソフトが、現在なら1万枚売れればかなりのヒット、３０００枚で御の字、という時代になりつつあります。これは、作品がどうというより、消費に対しての考え方自体が大きく変化したことが影響しているのではないでしょうか。

ではどうやって利益を上げているかと言えば、単純にモノを売るのではなく、体験を売ることへと大きくシフトしています。つまりは出演者と同じ場を共有することで満足感を得られる、トークイベントやコンサートなどに軸足を置くようになりました。

今やそれなしでは利益も最小化してしまうため、アニメやゲームなどの多くにおいて、コンテンツで完結することなく、最初からイベントやライブ活動を意図した作品づくりが盛んになっています。だからこそ出演者である声優も、必然的に歌唱力、ダンスなどのパフォーマンス、さらにはルックスまで求められるようになったのです。ひいては声優自身が、作詞や作曲まで手がけることを求められるような時代になりました。

そのため僕が講師を務める養成所にも、そうした「アイドル声優」に憧れる生徒が多く見受けられるのは仕方ないことですし、それ自体は否定しません。

ただし、そこで忘れてはならないのが「アイドル」と「アイドル声優」との違いです。その最大の差異は「声優」の位置づけが「アイドル」の上なのか、そうではないか、ということ。その違いを考えてみましょう。

たとえば、先ほど名前を挙げた水樹奈々さん。彼女は、あるときはアイドルとして、またあるときは普通に歌手として活躍をしています。数万人入るような会場でライブを行っては、沢山のファンを魅了しています。さらに彼女は前提として声優としてのスキルも非常に高く、現在もナレーターなどを務めるレギュラー番組を持っています。つまり彼女の軸足はあくまで声優であり、声優から派生したアイドル活動をしている、ということなのでしょう。

しかし、声優の卵たちを見ていると、華やかな活動のほうが人の目に強く焼きつけられやすいためか、一体何を目指しているのかあまりにぼんやりとした認識のままで、声優を志願している人が増えた印象を受けています。

そもそもアイドル声優として認められるにはどうすればいいか。それには、まずは声優としてのスキルを磨き、メインの役を勝ちとることが大前提となります。その上で、アイドルとしてのさまざまなスキルが要求される。

アイドル面を重視するなら、それなりのルックスは不可欠でしょう。その上で、歌やダンスも人並み以上にこなし、できるだけSNSのフォロワー数も稼ぎ、多くのファンが後ろに控えていることをアピールしなければなりません。

しかしそれ以上に考えなければならないのは、先述したとおり、やはり声優として一人前になることです。

そもそも現在アイドル声優として活躍している人たちも、そのきっかけとなるアニメやゲームのタイトルの役を勝ち取り、声優としての実力を認められた上でステージに立っている。そのことを忘れてはなりません。ルックス、歌唱力、ダンス。それらを熱心に磨いたところで、アイドル声優にはなれません。むしろ「アイドル」を志していることになってしまいます。

しかし第一線で活躍している本当の「アイドル」たちは、天分に恵まれた上で、それこそ小学生のときから競争にもまれ、トレーニングを重ねています。そんな彼、彼女たちと学校に通ったくらいで「ライバル」というのは、あまりにおこがましくはないでしょうか。

それでも今活躍し、人気を博しているアイドル声優のようになりたいのなら、一番の近道は声優としての実力を磨くことしかありません。まず、声優として求められる演技ができるようになり、アニメなどのオーディションを勝ち抜けるスキルを身に付けましょう。

自らの力でチャンスを掴み取らない限り、原石だらけの中であなたも輝かない石のままで終わってしまうはずです。

「自称・声優」と「職業・声優」の差はどこで生まれるのか

専門学校や養成所で勉強をしている人、また声優を目指している方のほとんどがとりあえずの目標としているのは、声優事務所への所属であるかもしれません。

もちろん、そのイメージは誤っていません。業界の右も左も分からない新人声優が、いきなり仕事を獲得する確率は限りなく〝ゼロ〟に近いはずです。事務所に所属し、すでに人脈や営業力を兼ね備えたスタッフやマネージャーの力を借りることで、初めてチャンスが開けていくわけです。

ただし、確かにそれはそうなのですが、多くの人が少々勘違いをしています。しかもその勘違いは早めに訂正しておかないと、あなたの未来を左右しかねないくらい怖い誤りです。

まず前提として、声優事務所へ所属すればそれだけで仕事が得られるわけではありません。何もせずともマネージャーが仕事を取ってきてくれたり、制作会社があなたに役を振ってくれたりするわけではありません。あくまで声優の場合、どんな大手事務所に所属しようと、どれほどあなたに才能があろうと、すぐにスターにはなれないのです。

むしろ事務所に所属してからの方が、辛い日々が待っている可能性が高いと言えるかもしれません。というのも、専門学校から養成所、事務所所属へと段階が上がっていくたび、あなたのモチベーションをキープする手立てが少なくなっていくからです。

専門学校に通っていれば週に5日、声優の勉強ができるかもしれません。しかし養成所に進めば、せいぜい週に2回くらいしか授業はないはずです。多くの人はそれ以外の時間、アルバイトをし、食いつなぐことに注力することになるのではないでしょうか。その上この間、ともに声優を志した仲間たちもふるいにかけられ、さまざまな事情でどんどん脱落していきます。

それでも何とか養成所の査定に合格し、晴れて声優事務所に所属できたとしましょう。すると、それまであった授業で声優を学ぶ時間はゼロとなり、そこから先の活動は、それぞれの熱意に委ねられることになります。

積極的に事務所とコミュニケーションを取り、マネージャーから冷たくあしらわれようと、オーディションに何度落ちようと、ひたすらチャレンジを続けられるメンタルを持つ人なら、早々に飛躍を遂げるかもしれません。

しかしそうした力が欠けた人だと、いくら演技がうまくとも、声優としての才能があろうとも、積極的な人と比べた場合、仕事のチャンスを逃してしまう可能性は極めて高い。

いずれにせよ、事務所に所属したとたん、「職業・声優」で食えるようになるまでの道のりはたった一人で進まなければならないのです。しかも残念なことに、事務所所属後に「職業・声優」として食えるようになるための具体的な技術や方法は、専門学校や養成所ではほとんど教えてくれません。

誰かが教えてくれるのは発声や滑舌、マイク周りでの立ち振る舞い、ダンスや歌といった、声優としての能力を鍛える内容がほとんどです。しかし事務所に所属してからは一転、自分自身を売り込む技術、つまりセルフマネジメント能力のほうがずっと重要になるのです。

実際、事務所に所属すれば一も二もなく、その能力だけを徹底して鍛えることを要求されるはずです。それはたとえば、マネージャーはもちろん、売り込む相手との正しい接し方、理想的なコミュニケーションの取り方や挨拶の仕方など。一般企業で行われる社員教育と近いのかもしれません。

だからこそ事務所に入ったとたん、ポジティブに立ち回れる人と、引っ込み思案な人とで大きな差が出てしまいます。そしてここが「自称・声優」で終わるのか、「職業・声優」になるのかの決定的な分岐となりかねない。さらに言えば、その現実を知らないまま声優を志してしまう人があまりに多いのです。

あらためて言いますが、僕たちは「個人事業主」であって、事務所に所属するということは、自分という商品を事務所という「問屋」に卸す、ということだけを意味します。

偏見ととられるかもしれませんが、学生のときにアニメやゲームを愛でて、声優に憧れを持つ人のすべてが積極的だったり、明るい性格だったりするわけではないと思います。ですが、今の声優業界で生き抜くために重要な要素として、積極性や明るさが必要なことは否めないのも事実です。

この事実を今の学校の仕組みでうまく伝えられていないことが非常に残念であり、一人の講師としても申し訳なく思っています。そして僕がこれからの声優事情を考えたとき、もっとも危ういと考えている事実であり、この本を書こうと考えた大きな理由の一つでもあります。

事務所所属は「ゴール」どころか「スタート」でもない

一般的に、新人はどのような流れでオーディションのチャンスを摑むことになるのでしょうか。

それはおそらく、まず「あなた」という商品を取り扱うことになる所属事務所、そのマネージャーやスタッフに、商品の特徴を覚えてもらうことから始めることになります。商品である以上、どのような特性があるかを売り手であるマネージャーに知ってもらわなければなりません。そのための説明を繰り返し行うのです。

しかし実情を言えば、本当に厳しい。たとえば僕が所属しているアクロスエンタテインメントには所属している声優が現在90人いますが、ではその声優たちに対し、マネージャーは何人いると思いますか。

実は、たったの7人です。

新人の場合、そもそも担当と呼べるようなマネージャーはいません。仕事が生まれ、お金が動き、スケジュール管理をしなければ活動がままならなくなる声優にだけ、担当マネージャーが付くことになります。

しかもマネージャーは声優のスケジュール管理だけが仕事ではありません。マネージャーそれぞれが、外部に対しての営業活動も行っています。

たとえばアニメやナレーションならその制作会社に対して、コマーシャルであれば広告代理店といった具合に振り分けられ、日々走り回っています。その上で単純に頭数で割ったとしても、一人で最低10人以上の声優とコミュニケーションをし、その特徴を把握しなければならないのですから、どんなに大変な仕事かは、ここに記すまでもないでしょう。

だから新人であれば、とにかく事務所に来て、マネージャーたちに新しいボイスサンプルを届け、どんな仕事をしたいか、どんな活動をしているかなど、機会を見つけてアピールする必要があります。

そうした地道な活動が声優としての現実であり、進む先に待つことを理解して志している人がいったいどれだけいるのでしょうか。つまり、事務所に所属することは「ゴール」どころか「スタート」ですらない。あえて言うなら、「準備体操」の段階かもしれません。

事務所に通うということについて、より具体的に言えば、ボイスサンプルを作り、マネージャーに聞いてもらい、アドバイスをもらうことが有益になるでしょう。それを持ち帰り、足りないものを補う努力をし、模索し、また新しいサンプルを持っていく。これを繰り返すのが、最初の過程になります。うちの事務所の場合、とにかくまめにコミュニケーションを取るべく、事務所の側に引っ越しをする若手声優もいるそうです。

個人的な意見を言えば、足繁く事務所に通い、マネージャーたちと気さくに会話ができる関係になることも悪くはないでしょう。しかし、事務所に顔を出すのなら、きちんと目的意識を持ち、そしてあくまで「仕事として臨んでいる」という覚悟を持って出向くべきだと考えます。そしてそれ以外の時間も、すべて声優としての商品価値を高めるための自己研鑽《けんさん》に費やして欲しいと思います。

声優は〝ドＭ〟であれ

今の声優業界を考えたとき、人生の一瞬だけでも「声優」という肩書きを残したい、輝ければいいということなら、華やかな部分だけを徹底して目指すのも、実は〝アリ〟だと思います。数年だけ、もしくは若いうちだけ、まぶしいライトに照らされてファンから嬌声を浴びる。声優がおかれた現状を考えるに、才能ある子がその熱意を凝縮し、戦略を立ててぶつかれば、その願いが叶う可能性も十分にあると思います。

しかし、僕のように死ぬまで声優でいたい、声で食いたいと考えるのならやはり話は別です。

歳をとれば、どうしても肉体は衰えます。しかし成人後に声の質はさほど変わりませんので、声優は、やる気と仕事さえあれば、生涯をかけてその役を務めることができる職業です。

職業としての声優、その寿命は、商品としての自分をいかに俯瞰で見ることができるかで決まると思います。その上で、商品としての自分の価値をどれだけ伸ばせるか、ということがすべてでしょう。

声優という職業を歩むということは、ふるいにかけられ続けることを意味します。

専門学校から養成所に上がれない人は大勢います。そもそも、専門学校を中退してしまう人も相当数いると聞いています。養成所に進んでも、事務所の査定に受からない人がほとんど。僕が講師を受け持つ養成所のクラスの中で、査定に合格し、正式に事務所に所属できる人数は、感覚としておそらく20人に1人ぐらいです。

声優事務所に所属して新人声優となれば、名もない端役だろうと、たくさんの事務所の新人声優たちと争奪し合うことになります。増加し続ける新人声優たちより抜きん出なければ仕事を得ることはできません。

仕事を取れるようになっても、オーディションというふるいにかけられることになり、ラジオやアニメの企画会議、さらには事務所の中など、知らないところでまたふるいにかけられる。時間が経てば売りの一つとなる「若さ」や「旬」も失われてしまうでしょうから、それでまた多くの人が脱落していくことになります。

若さということを考えると、たいていの場合、女性だと20代後半、男性だと30代半ばくらいが中堅声優として残るか、そのまま消えるかの目安ではないでしょうか。そこでふんばり、40代くらいまで頑張れれば、かなり淘汰が進んでいるし、需給バランスが落ち着く傾向にあると思います。

それでも声優の数が過剰になっていくこれから、いつだって油断はしないほうがいいでしょう。30年のキャリアを持ち、まもなく50代となる僕ですら、ふるいから落とされる恐怖をいつも感じながら戦っています。

ただし、職業としての声優の第一歩とは、実はそうした不安と向き合うことなのではないでしょうか。

巨大な声優ヒエラルキー、その末端に足を乗せた自分が「食っていけるのか」「生き残れるのか」という疑問を前にし、きちんと心から正しく「不安」になれるかどうかが、とても重要なのです。ここまでを読んでいただければお分かりのとおり、職業として声優を続けていくことは容易なことではない。それなのに「不安」「恐い」という感情を抱かないほうが異常です。

僕と同世代の声優たちは、皆が皆、若い頃の貧乏自慢ができます。僕はパチンコだけで生計を立てていたことがありましたし、谷山紀章さんは、一時、ほとんど〝ヒモ状態〟だったとも言っています。

こう書くのは年寄り臭くてイヤなのですが、今の若い子たちは親から支援を存分に受けているからか、アルバイトや貧乏したときの苦労話をすると、「それは大変でしたね」と不憫《ふびん》に感じるようです。しかし僕は「不安」「恐い」と毎日のように思っていたけれど、「辛い」と感じたことは一度もありませんでした。

そして今もその気持ちは続いています。声優を取り巻く環境が変わり、勢いのある若手声優や苦しい時代を強く生き抜いてきたベテラン声優と向き合う中、不安と恐怖、焦りといった気持ちはいつも隣り合わせです。

こんな本を書く立場になっても、仕事があって当たり前という状況ではなく、1年後にはすべての仕事を失っている可能性がある、というほうが正しい。そのくらい声優は不安定な職業なのです。言い換えれば、不安があることを理解し、それらを楽しめるくらいの〝ドM〟な性格でなければ、なってはいけない職業なのかもしれません。

一方で、その分、不安を乗り越えれば、その先には考えられないような果実が待っている可能性もあります。僕は27歳のとき、それまでのギャラでイギリス車の〝MINI〟を購入し、収入を得るたび、少しずつ自分好みにチューンアップしました。

今でもその車を手放さず、ハンドルを握るたびに「よく頑張った」と思い、車を眺めては、仕事を得られた幸福、そして仕事を失う不安や恐怖をあらためてかみしめています。

だからあなたも声優を生業としたいのならば、職業と呼ぶにはあまりにも弱々しいその仕事がもたらす不安や恐怖と、まずは向き合ってください。すべてはそこから始まります。

それでも母は「いつ辞めるのか」と聞き続けた

僕の母親は、僕が30代前半くらいになるまで、顔を合わせるたびに「声優をいつ辞めるのか」と訊ねてきました。

僕が女性なら、どんなに不安定な仕事をしていようと、安定した職業の相手を見つけて結婚をすればそれでいいかもしれない。しかし男性である以上、「声優」などという怪しい職業にずっと携わることなど許されない、と繰り返し言っていました。

サラリーマンと結婚し、また芸能事情を父から聞いていた母にとって、僕の仕事は不安以外の何物でもなかったのでしょう。どれほどの大作に出ようと、雑誌の表紙を飾ろうと、それでもしつこく言われ続けたので、声優としてちゃんと軌道に乗り、安定した収入を得られるようになってからは、さすがに堪《こた》えるようになりました。

しかしそうした母の言葉こそ、僕の人生をいい方向へ導いてくれたように今では感じています。

僕がいくらファンからチヤホヤされて、「人気者だ」「売れている」と自負しようと、世間から見れば「声優」はあまりにも頼りない職業に過ぎません。むしろ、それが事実です。だからこそ、常に客観視する母の存在が近くにあったから、僕は一時の人気におぼれず、進む先を誤らなかったのだと思います。繰り返されたその言葉はある意味で、僕の人生の道しるべになっていたのではないでしょうか。

だからみなさんも、もし声優という職業を選択しようと考えているなら、その選択が、社会的にどういう意味を持つのか考えてみるとともに、決して狭い世界に留まらず、声優やアニメに興味や関心を持たないような友人や家族らの意見に、なるべく耳を傾けるようにしてください。

今では声優という職業が確固として存在しているように思われがちですが、実態が伴ってはおらず、未だに不安定な職業の範疇に留まっています。しかも努力をしたところで、ライセンスが得られるわけでも、それだけで誰もが食っていける業種でもない。その事実をまず知ってください。

さて、その後の母。僕が都心に土地を買い、家を建てた頃くらいから、辞め時を訊ねてこなくなりました。何度も口で「頑張っている」と主張するより、成果を現実の形として見せることが何より理解へつながったのかもしれません。

本当に「職業・声優」でないとダメなのか

以上が、声優という職業についての僕の率直な考えです。あなたがこれまでの内容を読んで「自分には難しそうだ」「大変だ」と感じたのであれば、その気持ちに素直に従い、声優を志すことをあきらめたとしても、それはそれで、とても賢明な判断だと思います。

逆に、僕の考えに共感し、「おもしろそう」「挑戦したい」と感じた方は、声優という職業を目指す権利をお持ちなのかもしれません。

確かに声優は、軌道に乗るまでだけを考えても、多くの苦労が山積しています。楽しいことが1割、辛く、不安なことが9割を占めているといって、過言ではないでしょう。ですが、その1割の喜びは、残りの辛さや不安を吹き飛ばして、あまりある価値を持っています。

声優という仕事そのものの面白さは僕が保証します。声で何かに命を吹き込むという行為は、お金や名声とはまったく別の充実感をあなたに与えてくれるはずです。

もしかすると、この本を手にとっている中には、お子さんが声優を目指している方もいるかもしれません。その場合、助言させていただきたいのは、可能な限りにハードルを高く上げてほしい、ということです。

僕にも小学生になる息子がいますが、両親が声優という環境で育ったために、いずれ「声優になりたい」と言ってくるのではなかろうかとビクビクしています。

もし本当に息子がそう言ってきたとしたら、僕は全力で反対することでしょう。なぜなら僕自身、声優として未だに生き残り、食えていることを「奇跡」だと感じているからです。そして息子が一生、不安にさいなまれる人生を歩むことを、親として許容できないからです。

だからもし、あなたのお子さんが「声優になりたい」という相談を持ちかけてきたとしたら、すぐに首を縦に振ってはいけません。「岩田光央ですら許さない」という事情を話し、可能な限りに渋ってください。

ある程度反対したところで、納得しあきらめてくれたのならそれまでです。それでもなお「声優になりたい」と反論してきた場合は、とことん話し合ってください。

そこで納得できるくらいの情熱や熱意を感じた時には、あくまでそれが「大博打《おおばくち》」であることを前提にして、全力で応援してあげてください。声優という職業がその想いを、その人生を捧げる価値があるくらいの仕事なのも、確かですから。

最後に繰り返しとなりますが、専門学校や養成所を卒業してからの方がより孤独な戦いとなること、そしてそこから生き残りをかけた本当の戦いが始まることをご理解いただければ幸いです。

　声優という「商品」となるあなたは、事務所という「問屋」を通じて、どうしたらもっと自分を売ってもらえるか、自分の価値を認めてもらえるか、努力を重ね続けなければなりません。事務所所属まで到達すれば、もしくはベテランになれば、自然と仕事が入ってくると思っていた人は、ここでその勘違いを正しましょう。

　あなたは、声優事務所へ「正社員」として入社するわけではありません。声優としての自分を売ってもらう、その契約を結んだだけに過ぎません。絶大な人気を獲得しようと、独立しようと、どこまで行こうとあなた自身は、声優という肩書きの「個人事業主」なのです。

第4章

声で食うための「極意」

事務所内オーディションを勝ち抜け

前章ではさんざん厳しいことを書いてしまいました。それでも読み進めてくださっているあなたは、もしかすると声優という職業を歩む覚悟をいよいよ固めたのかもしれません。まずはその決意に、心から拍手を贈らせてください。

また拍手とともにあなたに敬意を表し、ここからは僕が業界を長く生き残ることができたその「極意」を具体的にお伝えしていきます。この内容を知っていたかどうか、もしくは理解できたかどうかで、あなたがこれから先に声優として生き残る確率は大きく変わってくるはずです。ぜひ読み込んでください。

繰り返しとなりますが、事務所に所属したからといってすぐに仕事が来るわけではありません。

たとえば僕が所属しているアクロスエンタテインメントのホームページで、「預かり」「準預かり」とされた声優がどれくらいいるか、そして彼らがどれくらいの仕事をこなしているか、その実績を見てください。残念ながら彼らの多くは、ページをスクロールする必要もないくらいの仕事しかできていないことが、すぐお分かりになると思います。

決して彼らを悪く言うつもりでそのことを書いたのではありません。そもそも彼らは専門学校や養成所を経て、多くのライバルたちの中から「所属」という称号を勝ち取った、選ばれた人たちです。声優事務所に認められたからこそ、商品として店先に並ぶことを許されている。しかも、その多くは声優として輝く日のために、今日も努力を積み重ねていることでしょう。

では彼らが今より飛躍するために踏まなければならないステップとは何か。それはまず、事務所内オーディションを勝ち抜くことです。

30年のキャリアを持つ僕の場合、書いてしまうのはおこがましいですが、おかげさまで多くの仕事で指名をもらえるようになりました。指名の場合、「岩田さんでお願いしたい」という形で事務所を経由し、仕事が入ってきます。

その理由として、実力や知名度といった要因ももちろんあるでしょう。ただそれだけでなく、実績を重ねている分、キャスティング権を持つスタッフ、たとえば音響監督さんなどからは、「声優・岩田光央」がどういった演技をするかすでに分かってもらっていますから、条件に合うキャラクターがあれば僕を思い浮かべてくれるのだと思います。

しかし、このポジションに達するまでには相当な実績や時間の積み重ねが必要です。この本を読んだくらいでそこに至ることは、残念ながら不可能でしょう。

話を事務所内オーディションに戻します。アニメやゲームなど、どのようなコンテンツだろうと、一般的には事務所へ「こういう媒体のこういう役があるから、そちらの事務所から候補を出してくれないか」というオファーが届きます（といっても、それもマネージャーたちの日々の営業活動の成果の賜物なのですが）。

その際、依頼側が特定の声優に対して「オーディションを受けてほしい」と指名することもあれば、逆に事務所側から「この人を使って欲しい」と推薦することもあります。また作品には予算もありますので、何よりもランクが優先される場合もあります。

そういった数々の条件を加味し、選出作業を行うのですが、その際、はっきりとした形のオーディションを開くわけではありません。「事務所内オーディション」とはあくまで比喩で、基本的にはマネージャーそれぞれの頭の中で条件に合った声優を選び、オーディションに向かわせるかを決めることになります。だからこそ、ここであなたの名前が浮かぶかどうかが、役の獲得という意味で重要な分岐点となるのです。

ではどんな新人声優が、この事務所内オーディションを争う権利を与えられるのでしょうか。

ある人は、地道に自作のボイスサンプルを聞いてもらい、アドバイスをもらっていた声優なのかもしれません。または、日ごろからトライしたい役や、明確な目標をマネージャーに共有してもらうことで、チャンスが与えられたのかもしれません。

とにかく事務所内オーディションがいつ開催されるか、声優側からは分かりません。それだけに、こうしたオーディションの話がある際に「そういえば、あの新人はこういう演技に長けていたな」とマネージャーに思い出してもらえるかどうかで、飛躍できるかどうかが決まります。

なお晴れて事務所内オーディションで勝ち抜いたのち、次のステップとして、テープを用いた、現実のオーディションをすることになるでしょう。それで依頼者側に声を録音したテープを渡し、それでまた選出され、最終オーディションが行われます。

もちろんさまざまな流れがあるので一概にこうとは言えませんが、大きな作品であれば、録音テープで選出された声優をさらにスタジオに呼び、一人ひとりの演技を確認して、最終的な配役を決めたりもします。

ただ、ここで残酷な数字をお知らせします。それなりの規模のアニメ作品において役を獲得するための倍率は、今の時点でも１００倍くらいにまで達していると思われます。

これは、僕が声優を始めた当時と比べてすごい倍率なのですが、声優の数はもちろん、声優が所属している事務所の数が劇的に増えた、ということがその理由でしょう。ある程度のオーディションの場合、なるべく多くの事務所に依頼をかけようとするわけですし、どうしても倍率は高くなっていくのです。

ただし倍率がどうなろうと、あなたがやるべきことは変わりません。

それは自分自身をみつめて磨き上げ、演技の引き出しを少しでも増やしながら、周囲の関係者に根気強くアピールすることです。それが役を勝ち取るための最短であり、唯一の道になります。

あなたを輝かせる事務所を探せ

さらにその道を短くする最適な方法、それはあなたと相性のいい事務所、そして腕の良いマネージャーと出会うことかもしれません。特に今では以前にくらべてさまざまな事務所が生まれた分、特色もさまざまとなっていますから、それぞれの得意・不得意を見極めることは所属するあなたにとっての生命線にもなります。

でも「そんなこと、事務所に入った後じゃないと分からない」と感じた人も多いことでしょう。しかし現在では、事務所に入る前にその質がある程度分かるようになりました。その方法を教えましょう。

それは非常に簡単。事務所のホームページを見れば良いのです。しかしただ漠然と眺めるだけでは分かりません。以下のポイントに沿って、それぞれの事務所の特性を分析していく必要があります。

たとえば声優としての仕事はもちろん、俳優やタレントでも活躍したいと考えているのなら、手前味噌で恐縮ですが、僕が所属しているアクロスエンタテインメントが良いかもしれません。

声優として、タレントとして、おそらくとても多くの人が知っているであろう山寺宏一さんは、以前、テレビ番組「おはスタ」で19年間もメインの司会者を務めていらっしゃいました。あらゆるジャンルの洋画の吹き替えを手がけ、ものまね番組があれば、必ずと言っていいほど出演されています。

声優業界で活躍していた金田朋子さんも、そのキャラクターがウケて、今ではバラエティ番組に引っ張りだこ。最近だと、大人気の声優アイドルグループ「μ's」のメンバー、内田彩さんも所属しています。

こうした実績はテレビ番組に強いパイプを持つ事務所ならではですし、単に声優としてだけではなく、タレントとしての能力を引き出すことにも長けているマネージャーが在籍している、ということが自然と分かるのではないでしょうか。

次に、声優それぞれのページを開き、どういった仕事を手がけているかを見てみましょう。ここにも各事務所の特徴が色濃く反映されています。

僕が以前所属していた大沢事務所なら、所属しているベテラン勢のプロフィール欄を見れば、アニメやゲームはもちろん、テレビCMやラジオCMといったナレーションの仕事を多く手がけていることがよく分かります。これだけでも、大沢事務所はナレーションの仕事に強いということが分かるのではないでしょうか。もしかすると広告代理店への営業に長けたマネージャーがいるのかもしれません。

余談ですが、ナレーションの仕事はさらに息の長い仕事です。アニメに出演することも含めて、とにかく声を残したい、声で稼ぎたい、と考える人ならばこうした事務所への所属を狙うのもいいでしょう。

そのほか、声優業界の最大手であるプロダクションのホームページを見れば、年齢や演じる幅として、さまざまな声優が所属し、活躍を遂げていることが分かります。そういった点から、おそらくこの事務所に入れば、歳を重ねてもきちんとマネージメントを続けてくれる、ということが容易に想像できます。

声優ブームの中、若く勢いのある声優を抱える事務所は比較的多く存在しています。しかしベテランをしっかりコントロールしている事務所のほうが本当の意味で強い、と僕は考えています。

長く声優として残りたいのであれば、歳を重ねた声優をどう売れば良いかを知っている事務所、そして理解のあるマネージャーと組むことが、あなたの可能性をより高めてくれるはずです。

そのほかにも洋画の吹き替えに強いところ、アイドル的な売り方が上手なところなど、一口に事務所と言っても、まったく得意分野は異なります。だからこそ、まずは今現在、そしてこの先自分がどのような声優になりたいのかをしっかりイメージしてください。

自分がどうなりたいのか、何をやりたいのかがイメージできるようになったら、各事務所のホームページを見て、それぞれを深く分析し、所属したい事務所の優先順位を決めましょう。

最も危険なのは、とにかく所属することだけを優先したり、目的意識がないまま何となく所属を決めたりしてしまうことです。実際に僕が講師を務めた専門学校を振り返っても、ぼんやりと事務所を決めてしまう生徒が多く見られます。

インターネットが普及していなかった頃に声優を目指していた人のほうが、むしろ今よりもっと貪欲に情報を集めていたような気もします。なかなか事務所の個性までは摑めなかったかもしれませんが、出演したいと感じたテレビ番組のテロップを見て声優の名前を見つけ、数少ない情報を元に雑誌で調べる、といった地道な作業をかつての声優たちは繰り返していました。

もちろん仕事を取ってくるという意味で、直接現場で動きまわるのはマネージャーです。理想の事務所に入れたら、なおかつその中で自分と合うマネージャーと出会いたいものですが、これればかりは残念ながら「運」でしかありません。僕もそうでした。

だから最初の段階として、せめて自分のやりたいことと近い仕事を手がけている事務所に入れるよう、可能な限りに検討と努力を重ねることが大切です。その選択にどれだけ注力できるかで、明らかにあなたの声優人生は大きく変わることになります。

人気の意味を見誤るな

余談となりますが、僕には13歳の春から夏にかけての頃、人生における大きなターニングポイントがありました。数え切れないほどの人々に注目され、端的に言えば、あまりに不特定多数の人たちから「モテ」たのです。

きっかけとなった作品は、ドラマ「一年B組　新八先生」という作品です。そこでレギュラーを獲得し、僕は生徒役を演じました。その作品は、有名な「三年B組　金八先生」の系列となる番組であり、生徒役に選ばれた出演者の中には、アイドル的な人気を博す人もいました。

僕は小学校6年生の時にオーディションを受けて合格し、中学校に入学する直前の3月から撮影に入りました。

その後、ドラマ撮影は順調に進行し、4月からいよいよドラマが放送されました。すると少しずつ登場人物たちの人気が出始めて、僕が演じた「佐古光」役は、雑誌の人気投票で、男子生徒役としてトップ3に入ったのです。しかしまだ思春期になったかどうかくらいだった僕は、人気というものについて大した関心もなく、普段は学業に勤《いそ》しみ、週の後半は撮影に向かう、という日々をそのまま過ごしていました。

しかし放送回が進むほど、周囲の反応が明らかに変わっていきます。地元で歩いていると、見知らぬ人から声をかけられるようになりました。学校へ行けば、それまで話したこともないような生徒たちが、僕を眺めながらひそひそと噂話をしている。撮影所やロケ地には多くのファンが見学に訪れ、移動する合間にサインや握手を求められます。

「劇団こまどり」へ顔を出せば、それまでは台本しか入っていなかった僕用の受信箱に、少しずつファンレターが投函されるようになり、いつしかミカン箱いっぱいのファンレターが毎週届くようになりました。

同時に、当時のアイドル誌の代表格であった『明星』や『平凡』から取材が頻繁に入るようになりました。撮影の合間に写真を撮られ、撮影後に取材を受け、僕の顔写真が掲載されるようになりました。

僕にとっての人気のピークを振り返ってみると、実は13歳の夏だったのかもしれません。しかし「旬」の終わりは意外と早く訪れました。というのも、9月にはドラマの放映が終わったからです。

無事に全てのドラマ撮影がクランクアップし、テレビ放送も終了した時点で、ざわついていた僕の周辺は次第に凪《なぎ》が訪れます。毎週のように送られてきたファンレターは少しずつ少なくなり、ミカン箱は小箱になり、気がつくと劇団の受信箱の中で台本に埋もれるようになりました。街を歩いていても声をかけられなくなり、アイドル誌を開いてみれば「新八先生」の次シリーズに登場している俳優たちが掲載されていました。

その時、演じる者にとっての「人気」の意味を、僕は心の底から理解しました。

僕が得たと思っていた人気は「佐古光」に対してのもので、「岩田光央」に対してではなかったのです。「一年Ｂ組　新八先生」という作品の中に生み出された役柄が人気だったのであり、僕は単純にその作品を構成する部品でしかありませんでした。

人気作品に出演すれば、多くの人の目に留まりますから自然とファンは増えます。しかしその作品が終われば、そのキャラクターを愛していたファンの多くは離れていく。それは俳優や声優に限らず、演じる者の宿命です。

キャラクターに対しての人気というのは、確かにキャリアの一部にはなってくれますが、それだけがあなたを支えてくれるものではないのです。そこを見誤らないようにしないと、足元をすくわれかねない。

この経験があったおかげで、何かのタイミングで人気を獲得しようとも、僕は「これは演じたキャラクターの人気に過ぎない」と達観できるようになりました。それに加えて先述した母の「いつ辞めるのか」という言葉もあいまって、良くも悪くも、僕は道を踏み外さなかったのだと思います。

「自分観察」で仕事を獲得せよ

声優は個人事業主と記しましたが、それはつまり町の青果店や鮮魚店などの小売店と相違ない立場、ということだといえます。

個人事業主である以上、声優としての自分という売り物をどうやって売ればいいか、考えを巡らせなければなりません。青果店や鮮魚店が多くの商品を売るために頭を悩ませるように、あなたがどうすれば認められ、そして高く売れるのか、研究し、分析しつくさなければならないのです。

事務所に入ったのち、しばらくはアルバイトをしながらチャンスを待つ日々が続くかもしれません。でもいずれはそこから脱出しなければならない。きっかけの一本となる仕事が欲しいと必ず考えるはずです。では新人が仕事を勝ち取るためのヒントをここで伝授しましょう。

答えは簡単。単純に、声優としてのあなたを磨きあげることです。とはいっても、ボイストレーニングなどを通じて声を鍛える、というだけではありません。シンプルに言えば、徹底的に自分と向き合うことを繰り返す、ということになるでしょう。

声優としての人気や実力を備え、有力な事務所に所属できれば、オーディションの話は向こうからやってきます。しかしそのオーディションを勝ち抜くには、どんな声優だろうと、自分自身にどんな特性があるのかを把握し、どういった演技がまわりから求められているのかを見極め、そしてそれを表現するために必要な自分の能力を分析し、理解することが近道になります。

あなたがもともと可愛らしいアニメ声をもった人だとします。そんなあなたがCMのナレーションをする場合、どんな商品の宣伝に、どういったニュアンスで声を出せば、魅力的に演出できるのでしょうか。

スタイリッシュで落ち着いた一流ホテルの宣伝の場合、どんなに頑張っても、残念ながらあなたの声は活きないかもしれません。でも幼児向けのポップなキャンディのCMではどうでしょう。明るく弾けるようなあなたの声は、これ以上なくはまることでしょう。

個性という言葉を簡単に使いたくはないのですが、あなたの声が持つ特性や性質をとことん掘り下げ、自分が勝つ可能性のある分野を見出し、しかもやりたいことに見合う媒体を模索することこそ、本当の意味での最初の一歩となります。

国民的アニメ、マニアックなゲーム、自動車のコマーシャル、駅の放送。あらゆる媒体で活躍する自分を想像し、あらゆるシーンを多方面からシミュレーションし、自分で原稿を作り、ボイスサンプルを録音してみましょう。

「そういう素材を自分で用意しないとならないのか」などと疑問に感じるような人は声優を目指すことをあきらめてください。何度も言いますが、個人事業主である以上、自分を営業するのは事務所でもマネージャーでもなく、あなたしかいません。あまりにもたくさんの「声」が溢れた今、自分から働きかけなければ誰も動いてくれないのですから。

こうして自分を掘り下げた結果、弱い部分があることに気付いたかもしれません。でも、そうして早々と弱点を見つけ出せた人はラッキーでしょう。それによって、無用な競争を避け、少しずつかもしれないけれど、自分が勝てるフィールドを確実に見出すことになるからです。

「人間観察」で仕事を獲得せよ

自分を見つめることができたら、今度はほかの人を見つめてみましょう。それはつまり「人間観察」です。

声優という道を進めば、あなたはいろいろなキャラクターを演じることが要求されます。普通の高校生、青年役はもちろん、剣士や魔法使い、ときには犬やロボット、タンスや消しゴムなど、もはや人ではないキャラクターを演じる機会もあるかもしれません。

そうした演技で差を生み出すのは、やはり「経験」です。

高校生活を謳歌したあなたなら、高校生役を活き活きと演じることができるでしょう。長い間犬を飼っていたなら、犬の気持ちも分かるかもしれません。僕の場合、父となった今、よりリアルに父親役を演じることができていると実感しています。

だからといって、全ての環境やシチュエーションについて身をもって体験しておくというのは不可能でしょう。極端な話、殺人鬼の役を演じるために殺人を経験する、なんてことはありえないからです。

そこであなたに必要となる作業が、「観察」と「イメージ」です。

街を歩き、人々を観察してその人の生活、考えていることを可能な限り想像してみる。それによってあなたの中の引き出しを、一つでも多く作ります。

たとえば、駅のプラットホーム。深夜のホームにはいろいろな人がいることでしょう。飲みすぎて足下がおぼつかない酔っ払いのサラリーマンやOL、しゃがみこむ大学生。酔っ払いの多くは「千鳥足」になります。

では、なぜ彼らは千鳥足になるまで酒を飲んだのか。すぐ思いつくのは、仕事やプライベートで嫌なことがあったから、なのかもしれません。でも実際には、嬉しい大口の商談がまとまってハメを外して飲みすぎた、なんてことがあるのも、詳しく観察してみることで初めて分かるはずです。

その酔っ払いが誰かと口論になっていたら、ろれつが回っていないかもしれません。ろれつが回らなくなると、どういった声を発するのでしょうか。何度もおなじことを繰り返し言い出すかもしれませんし、唐突に大きな声を発することもあるでしょう。何を話しているか聞き取れないような発声をしているかもしれません。

変わったシチュエーションほど、観察とイメージにはもってこいの場となります。それは、あなたが普段生活している空間や時間の中では、なかなか見ることのできない観察対象が存在することになるからです。

だから、そうしたシチュエーションに出会ったら、ぜひ一歩踏み込んで周辺を観察してみてください。あなたがたとえ下戸だろうと徹底的に分析をすることで、「酔っ払い」という、これまでの人生で経験できず、持っていなかった引き出しを作ることができるかもしれません。

なにげない日常を過ごす中でも常にアンテナを張り、人間観察をし、引き出しを増やす。そして必要なタイミングが来れば、いつでもその引き出しを開けられるよう、常にメンテナンスをしておく。

この作業は、ただアニメを見て人気声優に似た引き出しを作ることとは比較にならないくらい、あなたにとって強い武器になります。それは、すでに演技をした誰かを真似するのでなく、本当に存在する誰かの経験を自分のものとして演技をするからです。

今の若い人は、多かれ少なかれ、ほとんどがアニメやゲームを通過しています。だからこそ、声優として差別化し、そこで生き残りたいのならなおさら、その分野の蓄積はもう必要ないのではないでしょうか。

そう考えたとき、次のステップとして必要なのは、酔っ払いや犬をより魅力的に演じるために外へ飛び出し、観察とイメージを重ねるトレーニングに相違ありません。

差は「読解力」で生まれる

ここからはより、具体的に魅力ある声を出すためのノウハウを考えてみたいと思います。

そのためには、まず声優の役割をあらためて理解してください。簡潔に言えば「誰かが作った原稿を、声に出して、誰かに伝える」ということになるでしょう。

声に出す、ということについての方法論は後述するとして、それ以外の過程として、原稿を誰かに伝える、という作業に注目をしてください。

その作業とはつまり、学校で習った教科で言うところの「国語」に該当するのではないでしょうか。具体的に言えば、原稿を読み、趣旨を摑み、作者が伝えたいことを理解するという作業です。

そしてこの一連の作業の質を高めようと考えた場合、その手順はある程度決まっています。まず原稿を入手して、最初に必要になる作業とは「読解」です。当たり前ですが、原稿をしっかり読みこむことで、何が書かれているのかを理解しなければなりません。自分のセリフだけを理解するのではなく、全体のストーリーや起承転結があればそれを把握してから、与えられたセリフの意味を理解していきましょう。

そのとき重要なのは、前後にどういったやりとりがあって自分のセリフが存在しているか、ということまで想像すること。そのやりとりとは、原稿に文字として書き起こされているものだけではありません。

それはつまり行間を読むということになるのですが、実際、人と人とのコミュニケーションとは、言葉を介したものだけではありません。空気で伝えることもあれば、沈黙が言葉以上の意味を持つこともあるはずです。

だから原稿を読むというのは、何も書かれていない部分も含めて読み解くことを意味しています。そして「読解」で声優の力量の差が大きく生まれるのは間違いありません。

読解ができたら、次は「イメージ」です。原稿の背後に存在するものを読み解き、頭の中にイメージを思い描かなければなりません。ここで、あなたの中に作られた引き出しが開かれ、個性が非常に強く出ることになります。ある意味で、あなた自身が監督となり、頭の中で絵コンテを切る作業が必要となります。

僕は「イメージ」について解説する際、テレビ番組「世界の車窓から」を例としてよく用います。

長寿番組で多くの人が見たことがある上、だいたいの流れは決まっていますので、仮の「原稿」であれば想像することはたやすいはずです。「世界の車窓から」は5分間という非常に短い時間、ナレーションを務める石丸謙二郎さんの柔らかい声で進んでいきますが、この間にも、もちろん起承転結が存在し、行間が隠されています。

まず想像した仮の原稿を元に「世界の車窓から」というタイトルコールをし、その日訪れる国の名前を紹介することになります。その日はイタリアのミラノで、その街中を走る路面電車の車窓を紹介することになったとしましょう。

その時、あなたはどういったイメージを頭の中に描いたでしょうか。カメラはどのように動いてミラノの街並みを映し、街中を走る路面電車を映したでしょうか。もしかしたら街を歩く人が映し出されたかもしれません。その人は男性でしょうか、女性でしょうか。若い人、それともお年寄りでしょうか。それこそ、あなたらしく、思いっきり「イメージ」するのです。

原稿を基にした絵コンテが出来上がれば、次に「誰に伝えるか」を考えなければなりません。

「世界の車窓から」の視聴者はどんな人たちでしょうか。番組は平日の午後11時頃、ニュース番組の後に放送されています。であれば、ニュース番組を見るような落ち着いた大人がそのままこの番組を見る、というパターンも多いのではないでしょうか。

夜も深い時間帯です。もしかするとソファに腰掛けて、お酒でも飲みながら、ゆったりとした気持ちでテレビに向き合っているかもしれません。

そんな視聴者を前に元気いっぱいの張り詰めた声を出せば、せっかくの原稿の内容も、雰囲気のある映像もろくに伝わりません。つまり、伝えるという作業を担う意味で失格となります。

ただし原稿にはそこまでの指示は記されていないはずです。だからこそ、この原稿は誰に対して読んでいるか、どのような人に伝えているのかを声優自身が理解し、伝えたい相手をイメージして、ふさわしい方法で伝えることが重要な作業になるのです。

もう一例考えてみましょう。あなたが子どもを相手に、絵本を読み聞かせることになったとします。

30人くらいの子どもたちに対して教室の中で読み聞かせた場合と、何百人も入るホールに親が同席した前でマイクを通して読む場合、必要とされる発声はまったく変わります。もし家の中で、二人の子どもに読み聞かせをするときならどうでしょう。手を伸ばせば触れるほどの距離にいるのに、声を張ってしまえば、子どもたちをびっくりさせてしまいかねません。

伝える相手、その数、読む場所、そして距離。それぞれによって、必要な声のトーンもボリュームも、そして表現方法も一変します。だから原稿を深く読み解いたうえで、必要とされる発声をイメージしなければならないのです。

アニメの現場では事前に資料VTRがもらえることが多いので、この作業はさほど重要視されないかもしれません。しかしナレーションやラジオ、ゲームなどの場合、読解がしっかりできるかどうかで、その声優の価値が大きく変わることは覚えておきましょう。

何も書かれていない「行間」を読み込め

さきほど少し触れましたが、みなさんは行間をきちんと意識しているでしょうか。原稿に書かれていない部分にも、それ以上のドラマが描かれている可能性があるのです。

「ていうかぁ」というセリフがあったとします。このセリフは話題の転換を意味しているわけですから、その前にも何かの話題が存在していた、ということになります。

喧嘩をしている最中、言い返そうとして出たセリフかもしれませんし、ちょっとした誤解が生じ、その誤解を解くために出たセリフかもしれません。しかしそれらのシチュエーションのすべてが原稿に書かれているわけではありません。

そのセリフを発する前に、考えられる情報をすべて整理してください。そして可能な限り、豊かにイメージを膨らませましょう。何も考えずに安直にそのセリフを発してしまえば、その浅はかさは必ず周囲へ伝わってしまいます。

それが露呈しやすいのが第一声目です。手間を省いて安易に発してしまわないよう、行間部分に対しても想像を膨らませて読み始めなければ、後ろに続くセリフはとても陳腐なものになってしまうはずです。

学校で渡されるテキストを読めば、確かにアクセントや言い回しなどの方法は書かれているのでしょう。しかし芝居というものは、乱暴に言えば「間」と「リアクション」の組み合わせに過ぎません。相手からのアクションを受け取り、感情の変化という間があり、リアクションを起こす。この繰り返しで芝居は構築されます。そこに生きたセリフが加わって、素晴らしい演技が生み出される。

即興劇で考えてみます。新宿西口のロータリーでバスを待ちながら話す二人組を想像してみてください。11月の朝としましょう。

この条件を元に、生徒へ「即興劇をして」と投げかけると、自分が過ごしている日常をもとに演じればいいのに、突然いい声を出したり、極端にブルブルと寒がったりして、奇抜な演技をしてしまう。バス停で話すとき、近距離にいる二人が大声で話すでしょうか。11月の新宿で、凍えるほどの寒さの日はどれくらいあるでしょうか。

即興劇では、まず日常を再現することが基本中の基本です。そして相手のセリフを聞いて受け止め、それに対してこちらからリアクションをするという過程は、演じるキャラクターやシチュエーションを深く掘り下げていなければ成立しません。それもせずに余計なアレンジを効かせると、どこかで整合性が取れなくなってしまいます。

行間について、もうちょっと考えてみましょう。恋人の浮気が発覚したことについて話し合っている場面を想像してみましょう。あなたが怒っているとして、5行くらい一方的な怒りのセリフがあります。一度怒りだしたからといって、あなたはずっと一定のテンションでその感情をぶつけるでしょうか。

確かに感情は、「怒り」をベースにしたままかもしれない。しかしその間、いろいろな感情があなたの脳裏を巡っているはずです。

あなたとデートをしたその翌日には浮気されていたとしたら、とても寂しい気持ちになるかもしれない。もしかしたら、今以上に怒りの感情が強くなるかもしれません。さらには結局好きなままの相手に対し、感情をぶつけすぎた自分を反省して、冷静になるかもしれません。

人の気持ちとは、生まれてからずっと途切れることなくつながっていて、そして移り変わっています。たった5行くらいのセリフには字面として「怒り」しか表現されていないかもしれませんが、そのセリフの中にも、複雑な感情の変化が必ず潜んでいます。だからこそ、書かれていない行間を読み解き、掘り下げ、表現できるかどうかが、他の声優との差を生み出すのです。

しかしその読解が、残念ながらプロになっても上手にできていない声優がいます。もちろん声を担当している声優の能力云々だけでなく、演出側の意向との兼ね合いもあるでしょう。しかし、原稿の表層しか理解していない演技があまりに多いので、それを目の当たりにするたび、僕は愕然《がくぜん》としてしまいます。

ですからこれから声優を志す方々は、もっともっと原稿を深く掘り下げる、行間を読みこむ、という作業を意識していただきたいと思います。

発声のポイント1「構造を知る」

声優の専門学校はもちろん、養成所でも必ず行う授業が「発声」です。当たり前のように発声のカリキュラムが組まれていますが、そもそもなぜ声優という職業に、正しい発声が必要なのでしょうか。

それは、与えられたセリフを、正しい発声で伝えることが声優の仕事だからです。もちろんキャラクターやシチュエーションによってアレンジをすることはありますが、あくまで正しい発声を知り、あえてそれを崩して演じる。それこそが声優に求められる役割になります。

ただ、そうした正しい発声法については、それこそ声優を目指す過程で必ず習うことになるはずですから、ここでは軽く触れるだけにとどめておきます。

まず、発声を正しく理解する、ということを考えれば、音の一つひとつについてどういった構造を口の中で作り、声を発するのかを意識することがスタートとなります。

文字だけで説明するのは難しいですが、基本である母音を発する時、その正しい口の開け方は概ねこのようになるはずです。

あ　豆腐を横にしたような、長方形をイメージ
い　横にしっかりと開き、縦はちょうど歯がみえるくらいに
う　梅干しを「酸っぱい」と感じた時のように唇を尖らせて
え　〝あ〟の口の横幅は変えず、縦を半分くらいの開きで

お　口をすぼめて、唇で小さな円を作るように

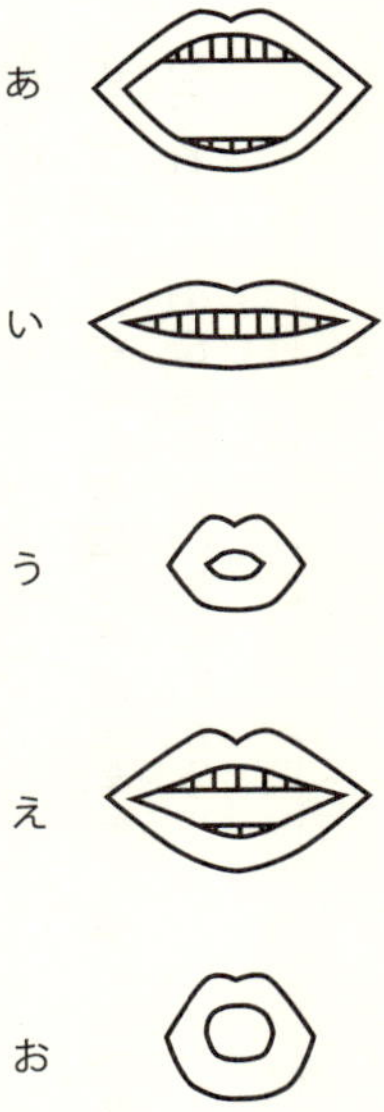

母音の口の構造をしっかりイメージできるようになったら、各行についても、口の動きの特徴を意識して発声します。それぞれの行を声に出しながら特徴を摑んでみてください。

か行　"あ"行の口の開け方と変わらない

さ行　前歯の裏側の付け根辺りに舌先をギリギリまで近づけ、それぞれの母音の口

の形に

な行　前歯の裏側の付け根辺りから上アゴの間に舌先を付け、舌を軽く弾きながら、それぞれの母音の口の形に

な行　前歯の裏側の付け根辺りから上アゴの間に舌先を付け、そこから舌を離すときに息を吐きながら、それぞれの母音の口の形に

は行　最も息を消費する行。口の開け方は〝あ〟行と変わらないが、しっかりと腹筋を使って息のコントロールを行う

ま行　完全に口を閉じたら、そこから息を出しながら開き、それぞれの母音の口の形に向かう

ら行　上アゴの真ん中あたりに舌先から半分くらいまでを付け、勢い良く弾きながらそれぞれの母音の口の形に向かう

このように日本語とは、それぞれ異なる構造を口の中で作り生み出される、音の連続で成り立っています。まずはその特徴をしっかり理解することが、いわゆる正しい発声の第一歩

になります。

発声のポイント２「発声練習は筋トレである」

構造を理解したら、次にそれぞれの母音と各行の組み合わせ、そのベストなアプローチ方法を覚えていきます。それはつまり「発声練習」です。

発声練習と聞くと、僕は学校で演劇部の部員たちが「あーえーいーうーえーおーあーおー」と声に出していた光景を思い浮かべます。しかしそれは、少なくとも声優にとっては正しい発声練習とは言えません。

僕はよく養成所の授業の際、生徒たちへ「発声は歌ってはいけない」と注意をします。というのも、リズムや音符が浮かぶような発声方法は、非常に楽な発声法だからです。

たとえば、ファストフードや洋服店に行けば、「いらっしゃいませ」「ありがとうございました」という挨拶に、独特の節回しを加えている店員を多く見かけます。どうしてそうなるかといえば、節回しをつけた発声は、やはりとても楽だから。

本来なら、店員たちにとってこれらの言葉は、客に対して感謝を表すのですから、心を込めて言わなければいけません。しかし店員である以上、一日に何回も何回も挨拶をすることになるでしょうし、それでは疲れてしまう。だから楽をするために抑揚や節回しをつけるのです。

これが僕の言う「歌う」発声です。演劇部の発声練習とは、まさにこれに該当します。

一方、正しい日本語で伝えるのが職業である声優としては、絶対に発声を歌ってはいけない。一字一句を無下にせず、発声をしなければなりません。

僕は以前、健康維持とダイエットを兼ねて、ジムに通ってトレーニングをしていました。そこではトレーナーからよく「常に使う筋肉を意識してください。それだけでトレーニングの効果はアップします」と言われていました。それは発声も同じです。使う筋肉が何か、意識して声を出すことで、その技術の伸びは大きく変わります。

というのも、発声をするときは必ず声帯の筋肉を動かします。口の開け閉めでは口周りの筋肉を動かします。つまり、声を出す際には、首から目の間の筋肉を活用し、さらに言えば腹筋背筋も使いインナーマッスルでしっかりコントロールをしているのです。だから発声練習について突き詰めて言えば、それはつまり発声用の筋肉を鍛える、つまり「筋トレ」とほぼイコールです。

もし発声練習がルーティンになっていたら、そもそも「発声とは何か」ということを考えてみてください。発声練習とは、声をスムーズに出すためのトレーニングだけではありません。正しい言葉を発するためのトレーニングでもあり、筋トレなのです。

その意識を持つのと持たないのでは、発声練習で得られるものに大きな差が生じてしまいます。

発声のポイント３「とにかくトレーニング」

最後に滑舌について。先ほど「日本語とは、異なる構造を持つ口で生み出す音の連続性で成り立つ」と解説しましたが、さらに、それぞれの音を上手につなぐ技術が必要になります。これが滑舌です。

ここで大事なことは、早口言葉ではないということ。滑舌は、あくまでも言葉をきちんと正しく伝えるための訓練であってスピードを競うものではありません。大切なのは一音一音を正しく意識して出すことです。

生まれつき滑舌が悪いことを悩んでいる人は多いようですが、安心してください。滑舌ほど、トレーニング次第で向上する技術はありません。

僕の場合は、子役のときにみっちりと練習を重ねました。18畳ほどある稽古場、その壁一面にびっしり発声練習表が貼られていて、その表を毎回40分間かけて読み上げていました。

僕ももともとは滑舌がよくなかったのですが、この練習でかなり鍛えられました。滑舌はとにかく量です。百回やってダメなら千回やればいい。コツコツとトレーニングを重ねるしかありません。そして努力をしただけ、向上する技術なのは間違いありません。

ただし体を酷使する分、決して楽ではないので「疲れた」と感じることもあるでしょう。その際には、あらためて「歌ってはいけない」というルールを頭に浮かべてください。

さて、声優として活躍できるようになると、毎日の仕事をこなすだけで、自然と発声のトレーニングを重ねることになります。また発声がうまい声優と一緒に仕事をすれば、いろいろなことを学び、大きな刺激を受けるはずです。

そうした意味で、僕がいつも刺激を受けているのは関智一さんです。

彼は、まさにトップ声優の一人として活躍していますが、長年小劇場で舞台も踏んでいますから、それだけ演技や発声のトレーニングを多く重ねているのだと思います。

アニメ「頭文字《イニシャル》D」の高橋啓介役といった正統派のイケメン声はもちろん、「妖怪ウォッチ」のウィスパー役、「ドラえもん」のスネ夫役など、役にあった声を上手に出していて、一緒に仕事をするたび、その技術の高さ、芝居の上手さに驚かされます。セリフを聞くたびに「うまいなあ」と刺激を受けています。

ただし、ほかの声優から刺激を受けたいと思っても、仕事を得ない限り、そうした場に参加することすらできません。だからこそ研鑽を重ね、一日も早くこのステージに立つことを目指しましょう。

個性が「ない」のではなく「薄い」だけ

養成所で「個性」という言葉に振り回されている生徒によく出会います。

「僕には個性がありません」

いやいや、そんなことは絶対にありません。それこそ性格や育った環境、積んできた経験は異なりますから、個性は必ずあります。個性があるか、どうか、ということではなく、それが濃いか、薄いかというだけに過ぎません。

たとえば「あなたが月を眺めているところを想像してください」と言えば、全員が全員、違うシチュエーションを想像します。それは校舎の屋上から、自分の部屋から、あるいはベランダから、森から。とにかく誰一人として同じ回答が帰ってきたことがありません。そしてそのイメージの違いこそが、あなたの個性です。

そのイメージがどうやって培われたのかと言えば、今まであなたが体験した、その過去の引き出しから取り出したものに相違ありません。実際に、屋上で友達と月を見上げたことがあるのかもしれませんし、森にキャンプに行って、夜空に浮かぶ月をたまたま見かけたのかもしれない。とにかく、それぞれの経験に基づき、作られた引き出しが、今の個性へとつながっています。「個性がない」と言い続けていると、いつしか自己否定をすることになってしまいかねません。

それなのに、個性を無理に作り出そうとした結果、なぜか個性的な誰かの真似をしてしまう人があまりに多い。「子どもの声を演じて」といえば、安直に人気アニメのキャラクターを踏襲し、有名声優の演技を模倣して、それを個性だと思い込む。

子ども役と聞いたとたん、たとえば人気声優である高山みなみさんや大谷育江さんの演技の真似をする人は後を絶ちません。今トップで売れている声優を真似たところで、絶対に彼女たちにかなうわけがないのに、です。

これまで人生を進んできたのですから、自分自身が子どもだった時期が必ずあるし、どこかで子どもと触れ合ったこともあるはずです。役にリアリティをもたらしたいのであれば、それらの経験を引き出して、あなたの考える子どもを演じればいい。

もしかすると引き出しは錆びついてしまったのでしょうか、それともそもそも引き出しを捨ててしまったのでしょうか。

チャンスがあれば、とにかく引き出しを開けて、下手でもいいから自分なりの演技をすることです。もしその過程が「辛い」「大変」と感じるようであれば、今すぐに演技をすることと、そして声優を志すことをあきらめてください。

「模倣」か「引用」か

もう少し個性について考えてみたいと思います。

無意識に誰かの真似をしてしまう人の中には、過去の自分を否定している人が多い印象があります。しかし、過去の自分を簡単に否定しないでいただきたい。

もしかすると思い出したくないくらいの辛い経験を持っているのかもしれません。しかしその経験すら、あなたを作っている大事な個性です。そこで作られた引き出しは、豊かな演技をするうえで、必ず役に立つはずです。

過去の経験はもちろん、性格や価値観、趣味や癖など、人間性につながるすべての要素が、あなたの個性を彩っています。もし本当に個性が薄いと悩んでいるなら、今まで気になっていた物事をさらに深め、今から気になった物事へとどんどん首を突っ込めばいい。

外的要因を思い切って加えてみるというのも一つの手段でしょう。運動が苦手なのに、あえてチャレンジしてみたり、黒髪のロングをトレードマークにしてきたのに、バッサリとショートヘアにしてみたり。

僕が過去に意図して飛び込んだ、やや変わった経験を紹介すれば、街頭募金があります。若い頃、募金に興味を持った僕は何度か街に立ってみました。

たとえばユニセフの場合、街頭募金をするメンバーは、必ず事前にその背景について勉強をしなければなりません。

10円あれば経口補水液が10本買えて、アフリカの某国で10人の人を助けることができる、もし50円あれば必要なビタミンのサプリを買うことができる。そういった事情を知った上で募金に臨まなければ、その意義について質問をされた場合、きちんと答えることができないからです。募金の裏側のこうした事実について、おそらくほかの声優は知らないのではないでしょうか。それだけで僕の個性であり、差は生じています。

なお街頭募金をしようと考えたのは、人間観察をしたかったからです。一見すると強面《こわもて》に感じる人ほどポンとお札を募金してくれたりすることがあれば、身なりがきれいでお金持ちそうな人が、興味を持ってくれない場合が多かったり、本当に面白い経験でした。

一見する限り、声優の技術向上に結びつくとは思われないかもしれません。しかしそこで得た経験は、確実に僕の中で引き出しとなりました。極端な話をすれば、街頭募金をする役があれば、僕以上の適役は声優業界を見渡しても、ほかにいないはずです。

ここまで書いても、それでも自信がないという人がいるかもしれません。そして誰かの真似をしてしまうかもしれません。もちろん真似をすること、それ自体がダメなわけではないのです。ただし真似をする時、無自覚に、さらには自分の個性のふりをして、安易に真似をしてはいけない、ということなのです。

アートやデザインの世界では技術を高める上で、「引用」はとてもオーソドックスな手段です。では「模倣」とどこが違うのか。その違いをざっくり言えば、意図して特定の誰かの表現を取り込み、自分の表現のふりをすることが「模倣」であり、意識して過去の作品や表現を取り入れ、自分のフィルターに通して表現することが「引用」です。

だから、もし役を与えられたときに「悔しいけれどこのキャラクターを演じるための引き出しを持っていない」と自覚した上で、誰かの演技を真似することは決して悪いことではありません。真似をしていく過程で気付くことも沢山あるはずです。

ただし、声優として道を究めていくつもりであれば、真似するたびに「悔しい」「恥ずかしい」という気持ちを抱いてください。そして足りない引き出しを作るために何が必要なのか、そのヒントとしてください。

あきらめるという選択について

この本を通じ、ここまで声優として、そして声で食うための極意をお伝えしてきました。しかし読者の中には、目標を目指して頑張っても頑張っても、どうしてもそこから上にあがれない、という状況へすでに達した人もいるのかもしれません。

専門学校に通って声優の勉強をしてきたけれど、どうしても養成所が決まらない。養成所には入れたけれど、査定に合格できず、事務所に所属できない。すでに事務所に所属しているが、いつまでたっても仕事を獲得できない。それぞれの立場で、悩みは異なることでしょう。

一般的な養成所の場合、だいたいが一年制です。査定の後、事務所に所属できない場合はそのまま「卒業」という形が採られています。なお僕が講師を務める「R&A Voice Actors Academy」という養成所は少し変わっていて、本人の意思次第で何年でも勉強をしながら、声優事務所への所属を目指すことができる制度を採っています。そのため、平均して2年前後在籍する人が多く、長い生徒で3年半くらい在籍しています。

しかし残念ながら、半年に一度行われる事務所所属の査定において、ほとんどの生徒が合格できていないのが現状です。長く在籍しているというのは、査定に落ち続けていることを意味しますので、それだけ本人はショックを受けているでしょうし、悔しいはずです。中には査定の結果を聞いて泣いてしまう生徒もいますし、毎度のことながらその様子を見るたび、僕自身、苦しい想いでいっぱいになります。

そうした「落ちた」生徒たちを前に、僕は必ず聞くことがあります。それは、まだ声優を目指すか、それともあきらめるか、ということです。

それまでひたむきに目指していた道を断念する、ということはとても辛い選択でしょう。そこでこの選択を聞くとともに、あくまで参考として、僕はとある知り合いの生き方について話すようにしています。

彼は小劇場のときに一緒に舞台を踏んだことのある仲間でした。「いつかきっとチャンスがくるはず」とひたむきに芝居を続けていましたが、残念ながら役者としての芽は出ませんでした。

結局、30代後半に差し掛かった頃、彼は役者として食う道をあきらめることになります。無事に定職に就いた彼は、仕事が軌道に乗ったのち、市民劇団へ入団しました。役者を職業にするのではなく、あくまで趣味として、仕事の合間に舞台を踏むという道を選んだのです。

その結果、いくら努力をしても報われなかった虚しさ、または不安からすっかり解放され、現在では純粋に芝居を楽しむことができているそうです。役者として稼ぎ、名声を得ることを目的にするのでなく、休日を使って演じることを純粋に楽しみ、充実した気持ちで仕事に行く。大好きな芝居が今も続けられる生活がとても幸せ、と彼は言います。

声優としての道を一心に歩むことは、素敵なことです。しかし声で食う、ということを突き詰めて考えたとき、どこに軸足を置くのか。本当に声優として稼ぎ、名声を得ることがあなたの目標なのか、それとも演じ続けられれば、それだけで幸せなのか、迷ったときには自分の気持ちに素直になってほしい。

もし純粋に演じることを楽しみたい、ということであれば、彼のように趣味として、その代わり何のしがらみもなく、思いっきり演技を楽しむ道を選んでもいいでしょう。職業としての声優と違う道を進むことで、心が折れることもなく、食べることに困ることもなく、それでいてさらに深くアニメやゲームを好きになれたとしたら、それはとても意味のある選択なのではないでしょうか。

現実を話せば、事務所に所属した後のほうが、辞めるという選択をすることはますます辛くなると思います。

事務所に所属した後、仕事を獲得できない限り、開店休業状態が続きます。極端なことを言えば、自分から辞めると言い出さない限り、事務所側から「解雇」を宣告されることはまずありません。ですから、何の覚悟もなく事務所にズルズルと所属してしまえば、「飼い殺し」にされかねない。

ある若手女性声優たちの話をしましょう。彼女らは声優でグループを結成し、アイドル的な活動を模索していました。しかしそのグループは、残念ながら夢半ばで解散。そのうち二人はそのまま事務所を辞める決意をしました。

一人は事務所を離れてフリーとなり、声優としてもっと輝ける道を探す、ということでした。しかしもう一人は、そもそも声優としての道をきっぱりとあきらめてしまいました。

彼女たちが事務所に所属し、声優として活動してきた期間はそれほど長いものではありません。ただ人気が得られなかったとはいえ、少なからず人の目に触れ、夢に見た舞台に立ち、パフォーマンスをした後でしたから、その道をあきらめた後者の彼女の判断は、非常に辛いものだったはずです。

しかし僕は、彼女の潔さを立派だと思いました。確かに声優としては残念ながら開花しなかったのかもしれません。しかしそこで得た経験や学びは、これからの彼女をより良い方向へと導くことになるはずだからです。

最近では、「るろうに剣心」で巻町操役を務めるなど人気声優だった櫻井智さんが、「満足できる演技ができなくなった」という理由で引退を表明するなど、業界のトップを経験した人だろうと、自ら声優人生に幕を下ろす場面が見られるようになりました。

スタートラインに立つことはもちろん大変ですが、そのまま歩み続けることはそれ以上に難しいのが、現在の声優道の現実です。「辛い」と感じるなら、無理をせずに立ち止まって、まわりを見渡してみてください。

あなたという存在は、本当に声優でなければ価値を生み出せないのでしょうか。あなたの声は、声優としてしか、誰かに届かないのでしょうか。

夢に向かい、一つの道を貫くことはとても美しい。しかし、その道を外れた途端、あなたの人生すべてが壊れてしまうようなことがあっては決してなりません。

たとえ別の道を歩むことになったとしても、これまで作り上げてきた引き出しは、必ずあなたの力になって支えてくれるはずです。自信をもって、その先へ進んでください。

第5章

「それでも声で食っていく」というあなたに僕は全力でエールを贈る

「タイトル限定声優」で終わるな

いよいよ最後の章になりました。

ここまで読み進んだあなたは、おそらく相当に「声優になりたい」という強い意志をお持ちのことでしょう。そこで、本当にその気持ちが折れないのかを試す意味で、さらに厳しい最新の事情をお伝えするとともに、それでも生き残るための心構え、そして僕なりに、精一杯のエールを最後に贈らせていただきます。

第2章で記しましたが、現在、日本俳優連合に登録されている声優は約1800人とされています。

しかし登録されているその全員が本当に声だけで食えているかと言われれば、ご想像通り、そのような現実はありません。おそらく声優のほかに別の仕事をしている、もしくはその逆で、副業として声優をしている人がその数にかなり多く含まれているはずです。専業として、声優活動だけで生計を立てている人は、それほど多くはいません。「食える声優」として、300という数を挙げましたが、実感としてもその程度かもしれません。

現在、大手の民放局だけではなく、BS、CS放送などを通じたアニメ、さらにはゲームの需要が増えていることにより、飛躍的に声優の仕事の場は増えています。一方で、声優を取り巻く環境としてはやや複雑化しました。ヒット作に出たから、ベテランだから、必ず食っていけるという状況ではなくなりました。

たとえば深夜枠で大人向けアニメが増えましたが、予算があまり多くないケースも多いようです。そうなると安価で起用できる新人声優や、ランク外であるジュニア声優の起用も多くなります。

現在、ゲームではその傾向がより顕著に出ているようです。たとえばスマホを主戦場にするゲームのアプリでは、登場キャラクターが数十人なんてこともザラですから、ある意味、新人声優にも仕事のチャンスは大いにあると言えます。

据え置きゲーム機が主流だった頃は、多くても十数名程度でしたので、必然的に知名度や技術のある声優へ優先して仕事が入りました。この場合、一本でも多くゲームソフトを買ってもらうことが目的となるので、そのためにも人気声優を使う、という意図があったのかもしれません。

しかしスマホゲームの場合、少しでも長くゲームを楽しんでもらうことがもっぱら目標となるので、キャラクターを一人でも多くし、お気に入りを見つける可能性を高め、かつゲームを続けてもらえる可能性を高めているのではないでしょうか。

ひとたびゲームタイトルに人気が出れば、そこから人気声優が数多く生まれます。おそらくそのうち何名かは、まさにその作品がほぼデビュー作や代表作となっているのではないでしょうか。人気ですから、しばらくはコンサートやイベント、あらたなゲーム録音などのスケジュールが組まれ、仕事のほとんどが特定のタイトル関連のもので固められているという状況が続くように思われます。

もちろんこうしたタイトルとともに人気を博す声優らは、そのファンから高い知名度を得られることでしょう。しかし、かつての声優が主戦場として選んだ、お茶の間で流れるアニメや洋画とやや毛色が違い、世間にその名が広く認知されるわけではありません。

確かに仕事の裾野が広がったおかげで、声優という職業自体の認知度も高くなり、志願者も増えてきました。しかし冷静に見れば、裾野は大きくなったものの、その広がった部分は細分化されており、切り分けられた一つ一つはとても小さい。

そして限定されたタイトルで活躍していく声優、そして一方で広く国民に認知される声優が完全に分かれた構図が出来上がってしまった。そうした結果、実は昔以上に声優のヒエラルキーが確立されてしまったように感じています。

たとえば「ONE PIECE」「サザエさん」「ドラえもん」「名探偵コナン」など、各テレビ局が長く放送し続け、しかも家族で見るような人気アニメに登場している声優たちは、声を聞くだけでキャラクター名がパッと頭に浮かぶくらい、多くの人から認知されています。

一方、ゲームに登場する１００名を超える声優の中でいくら活躍をしようと、知名度はなかなか上がりませんし、競争が激しすぎて、そこから先に進みづらい。

もちろん限定された場だろうと、まずは活躍する場を得ることはとても重要です。声優という職種を仕事にするのであれば、まずどんな形でも良いから声の仕事をして、「自称」から脱却する必要がある。しかしそれは、あくまでも声優として長い人生を生きるための〝過程〟に過ぎない、と考えたほうが良いでしょう。

そもそも、どれだけ一時的に人気を獲得しようと、タイトルの人気に頼る以上、それはいつか廃れます。そして同じタイトルの環境で、一つのキャラクターだけを演じていては、実力もなかなかあがりません。また、アニメのようにスタッフが一度に集うのではなく、キャラクターそれぞれが単独で収録する場の多いゲームだと、ほかの声優と切磋琢磨するチャンスもなかなか得られない。

この状況下で、いきなりつまづいてしまう若手声優、つまり「タイトル限定声優」が目立つようになりました。むしろそうなるべく、サイクルがまわっている感すらあります。
だからこそ、そのサイクルに取り込まれないよう、早くから自覚を持つことが大切です。
もちろんキャラクターとして得られた人気は大切にして、その仕事を確実にこなす。その上で、それとは別に成長が得られる作品や場を積極的に求め、新たな引き出しを作らなければならない。

そういった意識を持ち、それをマネージャーと共有する場を持つことで、彼らもあちこちに働きかけてくれるようになるはずです。そして新たな引き出しができれば、またそれをもとにマネージャーと話し合う。そうした地道な活動を繰り返すことで、いつしかヒエラルキーを一つ上に上がることができるのではないでしょうか。

残念ながら事務所やマネージャー、または声優本人が一時の人気に流され、成長に対して無頓着でいると、早々に声優の人生を閉じてしまうことになりかねない。そういった時代になっているからこそ、声優生命には長短が存在し、ヒエラルキーがあることを理解して、絶えず成長の場を求めなければならないと僕は思います。

「アイドル声優」で終わるな

僕は月に1度、声優やアニメ、ゲームなどの業界から発売されているCDの売上を集計し、紹介するラジオ番組に携わっているのですが、最近のランキングを見て驚愕しました。1位から10位まで、女性声優の作品は一つも入らず、そのすべてが男性声優のタイトルで固められていたのです。

しかもそれはアイドル系の若手声優によるユニットばかり。こうした売り方が若手の女性声優に留まらず、とうとう男性声優にまでやってきた、ということなのでしょう。

先述しましたが若手声優、特に女性の場合、まずはアイドル声優として打ち出すことがもはや定番となりつつあります。その場合、多くは20代前半までに歌や写真集を販売するなど、いわゆる芸能界の〝アイドル〟とさほど差のない売り方がされています。

しかもヒットチャートを見れば、本職のアイドルに負けない位置にアイドル声優たちが着けることも当然のようになりました。

そうした土俵で勝負できているという事実は素晴らしいですし、僕がこの業界に入った頃には考えられなかったことです。ここまで声優が認知され、社会的意義を獲得したことは大変に評価されるべきことでしょう。

しかし一人ひとりの声優生命を見れば、危うさを増しているのも事実です。なぜなら芸能界の〝アイドル〟は、それで売りだすことに対して特化したレッスンを受け、また事務所もノウハウを蓄積しています。だから「アイドル声優」という中途半端な立場では、究極のところ、彼らには敵わないはずだからです。そしてふと周囲を見れば、早々と「声優」として生きる覚悟を決めて、経験を蓄積した人たちにも引き離されかねない。

現在は「声優」という職業観が危うくなっている、とすでに書きました。声優本人はもちろん、アニメやゲームに関心を持つ人なら、少し秋葉原や池袋を歩けば、かつてないほどの声優周辺の盛り上がりを感じることでしょう。新聞やネットニュースの記事として、声優の名前が登場することも当たり前になってきました。そしてその中心には「アイドル声優」がいます。

しかし「アイドル声優」と「声優」では、その職業観や求められる技術、そして稼ぎ方もまったく異なっています。先の「タイトル限定声優」とも通ずるところがありますが、もし「アイドル声優」としての場を得られたとしても、意識をしない限り、決してそのサイクルからは抜けられません。

これも繰り返しとなりますが、「アイドル声優」としての生き方を否定はしません。短い期間だけ注目を浴びられたらそれでいい、という考え方ももちろんあるでしょう。

ただ、そこで得た立場に慢心せず、自分や、ときには周辺の環境を律し、先を見据えて行動に移さない限り、僕が言う「声優」になれない時代になっていることは必ず理解しておいて欲しい。

また、確かにどうしても短命な傾向が強い女性声優と異なり、一度売れれば比較的安定した地位を確立でき、業界で長く活動できたのがこれまでの男性声優の特徴でした。しかしそれはそれで、「先が詰まっている」という状況にほかなりません。

かつて人気を博し、でも今のような「アイドル声優」という呪縛にとらわれず、研鑽を積んだ男性声優たちが、あなたの頭上に居座っています。もちろん僕もその一人でしょう。もしあなたがまだ若い声優の卵であり、「一生声で食いたい」と考えたならば、今と違う環境で経験を積んだベテランたちと、いずれ同じ土俵に立たなければなりません。

そのときあなたは、はたして僕らと対等に戦えるだけの武器をもって、土俵へと上がってこられるのでしょうか。そのことを、ぜひ自問して欲しいと思います。

「今の延長」で終わるな

20代前半の頃に務めていたデザイン事務所で、声優かデザイナーか、進む道について社長から二択を迫られた、という話を第1章でしました。

僕はその決断をすべく、それから2週間デザイン事務所や劇団の先輩など、多くの知り合いに相談し、アドバイスをもらいました。中でも千葉繁さんからの一言がなければ、今の「声優・岩田光央」は存在していなかったはずです。千葉さんは、未だに忘れることができない、大変に貴重なアドバイスを僕にしてくれました。

アニメが好きな方でしたら千葉さんの名前を聞けば「北斗の拳」のナレーションや、「ONE PIECE」のバギー役などでの強烈な印象をすぐに思い浮かべるかもしれません。その千葉さんと僕は、実は声優ではなく役者として、すでに子役のときに出会いを果たしています。

子役だった僕にとって、千葉さんは「劇団こまどり」における先生でした。まだ演技力が乏しい僕に、楽しく、時に厳しく指導してくれた有り難い存在です。だから先述の二択を前に、最初に「相談したい」と頭に浮かんだのは、やはり千葉さんでした。

事情を説明し、喫茶店で差し向かいになって相談をした時、千葉さんはまっすぐに僕を見つめ、こう言いました。

「結局、岩田君は声優とデザイナー、どちらが好きなの?」

そもそもデザイナーを目指したきっかけは、得意だった美術を活かしたスキルを身に付け、この先食っていければ、と思ったことにあります。しかし役者は、お金を稼ぐことは二の次で、演じるのが単純に好きで楽しく、それで続けてきました。

「役者が好きです。それを仕事と呼んでいいのなら、この先も演じていたい」

僕は千葉さんへ素直に答えました。僕の意思を確認した千葉さんは一つ頷き、「じゃあ、デザイナーを辞めよう」とだけ言いました。

僕はとてもうろたえました。当時の収入はデザイン事務所からいただいているアルバイト代がほとんどで、役者としての収入はほぼありません。頼みの綱であるデザイン事務所からの収入を失ったら、明日からどうやって生きていけばいいのか。

それを打ち明けると千葉さんは続けてこう言いました。

「5年後の自分をイメージしてごらん。それもなるべく具体的に、それこそ1ヵ月分の予定をスケジュール帳にびっしり書けるくらいにね」

相談したときに24歳だった僕は、29歳で役者となった自分を想像し、心の中のスケジュール帳に予定を書き込むことを求められました。

たとえば月曜日は10時からドラマ収録のために新宿のスタジオへ。15時には収録を終え、

17時からラジオCMの収録で六本木のスタジオへ。次の日は声優としてカンヅメ。水曜日は、木曜日は……。そのようにして想像しうる限りの仕事を心のスケジュール帳に書き込んでいったのです。

そして千葉さんは、

「書き終えて具体的にイメージできたなら、『よし!』と手帳を閉じてごらん。それはきっと叶うから」

ニコリと笑いながら僕に言いました。そして千葉さんが言ったとおり、紆余曲折を経た29歳の僕のスケジュールは仕事で埋まり、めまぐるしく演じる毎日を送ることができたのです。

もちろん手帳にスケジュールを書くだけで夢が叶う、などということを千葉さんも、そして僕も伝えたいのではありません。今振り返れば、千葉さんが当時僕にくれたメッセージは「イメージできないものが、叶うわけがない」ということだったはずです。

5年後になっていたい姿があるなら、その手前となる3年後にはどうなっていなければならないのか、じゃあ1年後はどうあるべきか。そう考えていくと、今の自分はどう行動を起こすべきか、自ずと答えが出てきます。

千葉さんは僕に未来のスケジュール帳を作らせたことで、目標に進む覚悟と、それを叶える方法を教えてくれたのです。人は日和見的に生き、今の延長にある楽な道を選びがちだけれど、目標があればその判断を誤ることなく、選ぶ道を決めることができる。僕の場合はそれが「声優・岩田光央」につながったのではないでしょうか。

みなさんも「今の延長」をただ歩むのか、それとも「目標」に達するための道を選び、歩むのか、常に意識をしながら今日一日を過ごして欲しいと思います。未来は必ず、今日の先にあるのですから。

「奇跡」で終わるな

それまでいくら極貧生活を送っていようと、一度成功すれば突然注目を浴び、たくさんお金を稼げるようになるのも、声優という職業のおもしろいところかもしれません。

僕にとっての金銭的な変化は、大沢事務所に入って、しばらくした後におとずれました。それまでほぼ無職のような毎日だったのが、事務所を移ったとたん、その月に十数本の仕事が入り、何とか仕事をまわす多忙な日々がやってきました。

ただ、確かに仕事はありましたが、そのギャラが僕の懐に入るのは早くて3ヵ月後。だから売れ始めても、最初の半年間は本当に辛かった。声優としての仕事が忙しすぎて、アルバイトができない。もちろん貯金はほとんど尽きていましたし、やむなく手持ちのすべてを一か八かパチンコへ、なんてこともありました。

なお、僕が10代の頃に実家を出て最初に借りた家は、所沢駅近くにあった築60年の平屋でした。家賃は3万5000円でしたが、あちこちに隙間があるため、風は入ってくるわ、周辺の雑木林から虫が入ってくるわで、ギリギリ〝家〟と呼べるような代物でした。

お金が入るようになってからは、家賃8万5000円の新築アパートへ引っ越し、その次は都心の家賃15万円のマンションへ、そして家を建てるところまで、それこそ〝着実に〟進んでいきます。それと同時に、みるみるお金も貯まっていきました。

しかし家へのお金のかけ方にはそれなりに想像が付くものの、それ以外の部分でお金をどう使えば良いのか、ずっと貧乏生活を送っていただけにまったく想像がつきません。そこで当時の僕は、毎朝ファミリーレストランのデニーズへ朝食をとりに行っていました。今振り返れば少々恥ずかしいことですが、それまで食うや食わずだった僕にとって考えられる最大の贅沢とは、毎日ファミレスで朝食をとることだったのです。

同世代の仲間と会うと大抵一つはこうした貧乏自慢を持っていて、笑って話せることがとても嬉しく思います。しかしそれと同時に、これまでこの業界で生き残ってこられたことが明らかに「奇跡」であることを痛感させられます。

声優は非常に不安定な職業です。それまで毎週のように現場で顔を合わせていた仲間でも、いつの間にか見かけなくなり、それこそ人知れず消えてしまった声優も数え切れません。

たとえば僕がパーソナリティを担当しているネットラジオ「カフェ・ド・ボイス・ダイアリー」という番組では、ゲストとして若手声優をよく呼んでいます。しかし番組に呼んだ声優と、他の収録現場で顔を合わせることはあまりありません。もちろん活動範囲が細分化されたという事情もあると思いますが、同じ「声優」としての未来を考えれば、この仕事の将来に不安を覚えるのも正直なところ、事実です。

また最近だと歳のせいもあるのか、尊敬するベテラン声優はもちろん、同世代の声優まで訃報をちらほらと聞くようになりました。今だと事務所を通してではなく、真っ先にネットを通じて報道されるような状況ですので、スマホを手にして、流れてきたニュースにショックを受けることが多々あります。

だからこそ、長年この業界で生き残っている仲間と会うたび、心底ホッと嬉しく感じるようになりました。そして昔の貧乏話をしながら、ここまでの歩みが「奇跡」であることを、どうしても感じてしまうのです。

しかし、僕らは声優であること以上に、一人の人間です。それぞれが歩く人生という道のりもなるべく価値あるものにすべく、進まなければならない。

だからこそ宝くじが当たったように、今この瞬間を「奇跡」として納得しあい、喜びあって、それで終わってはいけないと思います。ここまでが「奇跡」だろうと、それはそれとしてさらに先に進むための努力と覚悟を持って、これからの未来を生き抜くために戦い続けなければならない。

それが声優という職業を選んだ以上、避けられない現実なのではないでしょうか。

「天分」があることを知れ

ここまで長く書いてきましたが、究極のところ、声優を目指す人に必要なことは何か。

技術を磨くことはもちろん大事です。発声のトレーニングを毎日のように行い、読解力を鍛えるためには一冊でも多く本を読むことも大切でしょう。または常に自分と対峙し、アンテナを張り続け、引き出しを作り続け、チャンスだと感じたら飛びつく瞬発力を養うこと。

これまで書いたどの要素が欠けても、成功する可能性は著しく減少すると僕は感じています。

実際、現在も第一線で活躍している声優たちの多くが、それらのことを常に意識的か無意識的か、実践し続けています。

しかし実はもう一つ、ここまでに書いていない大切な要素があります。それは「天分」です。

天分とは文字通り、天から授けられたセンスや才能です。こう言っては元も子もないのですが、声優である以上、生まれつき持ち合わせた声の性質に加えて、センスが大きくその能力に寄与しています。そして、それらを兼ね備えた一握りの人が集まった上で切磋琢磨している、というのが現在の声優業界の実態です。

なお、声優として求められるセンスとはルックスとか、心を惹く演技ができなければならない、ということではありません。それと別に、有効なセンスがあるのです。

その一つが授業などを通じ、本当の意味で、指導を吸収できるセンス。これが備わっているかどうかはとても重要です。一つのことを伝えればすぐにそれを理解して自分のものとして表現できる人、そうでない人がいるように、同じことを教えても、理解できる生徒とそうでない生徒は必ず存在します。

その他に貪欲さ、積極性、負けん気、明るさ、コミュニケーション力。

一言で表すなら、それらは「人として生きる力」でしょう。そうした能力や性質の差を

「天分」と言ってしまうと、漠然としたことに感じられるかもしれません。しかしその差は、声優としての価値を大きく左右するものです。そして残念なことに、声優として求められる天分がなければ、事務所に所属することすら難しい時代になっています。

ある程度の天分があり、それから技術を磨くことで、声優としての土俵に上がることができる。そこに至るまでの確率は先述したとおり、奇跡にも近いものがあるかもしれません。そしてこういった天分の多くは「声優を志す」その前から存在しています。

日本刀を例にお話しましょう。

日本刀を作るには〝鉄〟を用います。もし使われる素材が意思を持ち、「日本刀になりたい」と考えようとも、自らが〝鉄〟でなく〝アルミ〟だったら、軽くて素晴らしい模造刀にはなれるかもしれませんが、日本刀とは呼んでもらえないはずです。

〝鉄〟であることを自覚し、認知されて初めて、日本刀になるための困難に立ち向かうことになります。熱い炎にさらされ、冷たい水で冷やされ、切れ味が良くなるように刀鍛冶に叩かれて磨かれて、ようやく日本刀が出来上がります。

しかも、たとえ日本刀としての道を歩むことになっても、手がける刀鍛冶によって出来の良し悪しが生じ、使い手によってその評価は大きく異なるはず。またいったん使われても、そのまま放っておかれれば、錆びて切れ味が悪くなってしまう。

しかし、もしかするとあなたは〝金〟なのかもしれません。鉄でなければ、確かに日本刀にはなれないかもしれませんが、〝金〟には高い価値があり、そして他の分野で活躍できる場がたくさんあります。

声優もこれと一緒。そもそもとして素質や適性が少なからず必要な職業であり、それを備えた上で、声優を目指す権利があるのです。この事実を誰も言わないことも、僕が今の声優業界に対して心苦しさを覚えている理由の一つです。

自分に日本刀となれる資質、つまり「声優」としての資質があるかどうかを見極めることこそ、声で本当に食べていけるのかどうか、本当の意味で、その第一歩になるのではないでしょうか。

「食い物」にされていることを知れ

「そんなことを言われても、天分なんて自分じゃどうしようもない」

と思われたかもしれません。しかし、それはどのような職種だろうと、多かれ少なかれ当てはまることではないでしょうか。

スポーツ選手だろうと、歌手だろうと、画家だろうと、直接的に自らの能力を用いなければならない職業であれば、個性やセンスはどうしても重要な要素になります。そして自らの「声」で稼がないとならない声優は、残念ながら、どんなに努力をしても報われない人が存在する職業だとも言えます。

それを聞いて「私には天分なんてないから無理」とあきらめてしまった人もいるかもしれません。「ごく普通の家庭に育ったし、これまで意識したり、能力を高めたりする機会もなかった」などと環境のせいにしてその道に困難を感じるのならば、むしろあきらめるべきです。それは自分の人生を誰かのせいにせず、自ら向き合い、覚悟と責任を持てるかどうかも、また天分の一つだからです。

養成所で生徒たちと接していると、割とぼんやりとした気持ちで声優を志している印象を時に受け、残念に感じるとともに、とても疑問を覚えます。

現在、声優として活躍している人は、総じて向上心と熱意を備えています。しかし、その手前にいる新人や志望者ほど、仕事を取れないことや、評価されないことに対し、どこか自分のせいではない、つまり他人事だと感じているように見えてしまいます。

僕には、自分の人生に対して、そんな冷めた態度を取ることが不思議でなりません。自分の置かれた状況に対し、危機感や不安を感じられない人は、やはり声優としての「天分」がないのではないでしょうか。

しかし自らの力だけで天分があるかどうか見極めるのは難しいでしょう。時間もかかりがちです。だからこそ、その天分が備わっているかどうか、他人の力を借りて検証する方法が生み出されました。それこそが、専門学校や養成所であり、それらの存在理由だと僕は思います。

先述しましたが、現在は専門学校どころか、声優コースを備えた大学も増えてきています。この本を手に取った人の多くは、声優コースを持つ大学や専門学校への進学を望んでいるかもしれません。もしくはすでにそうした場で学んでいる人もいるでしょうし、声優を志願している人の周辺者の方が読んでいるかもしれません。

そんなみなさんに僕が強く訴えたいのは、あくまで悪い側面だけを捉えて言えばですが、あなたがたは社会から「食い物」にされるかもしれない、という自覚を持って欲しいということです。

学校も養成所も慈善事業ではありません。もちろん相応の授業は行いますが、その対価として収入がないことには事業が成り立ちません。

学校運営で重要なのは、生徒が社会に出て、立派に活躍をすることだけではありません。毎年生徒を確保し、ちゃんと法人として利益を上げ続けることも重要なのです。そのような場で、生徒の一人ひとりが天分を備えているか、熱意や覚悟を備えているか、といった事実は二の次とされがちです。

だからこそ重要なのは、学校に対して、環境に対して、過剰な期待をしすぎないこと。つまり、学校と自分が対等な立場にあるのを自覚することです。

そして最も大切なことは、むしろ社会から「食い物」にされかねないことを理解しながら自分自身と対峙し、声優という職業に対して果たして自分が向いているか、この先やっていけるか、天分があるか、という事実を冷静に見極めることなのではないでしょうか。

「チャンス」は少ないことを知れ

これまで、声優として生き残るための手段を模索してきました。しかし申し訳ないのですが、ずっと売れ続ける声優でいるために主体的に採ることができる「極意」など、一つもないのかもしれません。なぜなら、本来的に声優とは、役に選ばれるまで待ち続けることが求められる、受け身の立場だからです。

ただし、ぼんやりと待っているだけでは仕事を獲得できず、事務所という問屋に陳列されたままにされるのも事実。それではいずれ腐り、商品価値がなくなってしまう。だから、少しでも多くの引き出しを作り、普段から要望や希望に応えられる努力をすることが大切だとこれまでに記しました。

そうした努力や天分に加え、さらに声優として大成するには、「運」という要素も非常に重要です。ある役を得たことで人気が出て、そのままステージを駆け上がって行くかもしれませんが、いつ自分にそのような役が舞い込むかは、誰にも分かりません。

では、その「運」を勝ち取るためにはどうしたら良いのか。その方法はたった一つ。常に周辺に目を配り、「運」が巡ってきたとき、つまりチャンスが来たときに、すかさず手を挙げることしかありません。

これは僕の持論ですが、必要な準備をきちんとしていれば、特に若い頃、神様は誰でも平等にチャンスを与えてくれるものだと信じています。そこで大切なのは、目の前にやってきたそのチャンスを逃さず確実につかむか、気付かずに見逃してしまうか、ということです。

僕の人生を振り返れば、神様が与えてくれたチャンスの一つは、18歳の頃、小劇場の演劇のオーディションに合格したことかもしれません。ここで役を獲得したことをきっかけとして、それまで子役としての仕事しかなかった僕が、一人の役者として舞台を踏むようになりました。

そしてこの公演がきっかけとなって小劇団が生まれ、僕はその劇団の創立メンバーに選ばれたのです。

ある日劇団で稽古をしていたとき、座長の芝居仲間が稽古場へ遊びに来ました。その人は「ミュージックステーションクリップ」というタレント事務所の社長でもありました。彼は、僕だけでなく劇団員全員に対し「タレントとしてうちの事務所に所属することに興味がある団員はいるか」と尋ねました。

それを聞いて、僕は一も二もなく、即座に手を挙げました。実際、そのまま僕はミュージックステーションクリップに在籍し、そこから1年間ほどお世話になりました。それだけで俳優としての状況が良くなることはなかったのですが、ある日その社長が「うちでは君をうまくマネジメントできそうにない」と紹介してくれたのが、彼自身、ナレーターとしてタレント所属をしていた大沢事務所でした。

つまり18歳の頃の演劇のオーディションに合格したことをきっかけとして不思議な縁がつながり、チャンスをつかみ、僕は声優としてのポジションへたどり着くことができたのです。

なお稽古場で社長が尋ねた際、即座に挙手したのは、十数人の団員中、僕ともう一人だけ。他の団員は即座に決断できなかったり、恥ずかしがったりしたのに対し、僕はそうしたことを考える余地は一切なく、手を挙げることができました。

それは、千葉さんの「5年後の自分」というアドバイスに則り、毎日のようになりたい自分や目標を明確にイメージし、感度を高めていた結果だと思います。イメージがハッキリしていたからこそ、目の前にやってきた機会をきちんと「チャンス」だと理解し、それを見逃すことなく反応できたのではないでしょうか。

ですから、今後、声優を目指す若い人には、しっかりとなりたい自分をイメージし、そのチャンスを掴むための訓練をしていただきたい。そうした訓練を若い頃に重ねることで、チャンスなのかどうか嗅ぎ分ける能力が身に付く上、それはキャリアを重ねてからもきっと役立つはずです。

僕自身、養成所で受け持つ生徒の中にそうした熱心な生徒がいれば、それぞれに見あったチャンスがあれば、積極的に推薦をするようにしています。声優として歩む覚悟や権利を備え、自信を持って推薦できる生徒と出会ったら、事務所に声をかけ、所属できるように道筋を作ってあげたいと常々考えています。そして、同じようなことを考えている声優の先輩は沢山いるはずです。

今、同じ事務所に所属をしている仲村宗悟さんはまさにチャンスを獲得した一人です。彼は僕が講師をしている養成所「R&A Voice Actors Academy」で学んでいた生徒でした。

僕が教えていた当時から、彼は声優としての可能性はもちろんのこと、これも声優としての不可欠なセンスである「貪欲さ」を備えていました。

演技に対する向上心はもちろん、チャンスを絶対にモノにしようとする心構えを持っていた彼を見て、「絶対にこの先売れる」と感じた僕は、半年に一度行われる査定の際にマネージャーへ彼を推薦しました。そして事務所に所属してから間もなく行われた人気タイトルのオーディションのチャンスを逃すことなく彼は勝ち取り、早々に声優としての立場を確立しました。

仲村さんは事務所に所属して、まだ2年ほどしか経っていません。しかし確実にチャンスを摑み、力強く声優道を歩み始めています。同じ時期にデビューした新人声優と比較して、彼のステップアップのスピードには目を見張るものがあります。

声優へのニーズが広がる中、確かに業界全体とすればチャンスは増えているのかもしれません。しかし、それ以上に声優の母数が増えているため、一人当たりとして与えられたチャンスはそれほど多くないはずです。

それなのに目の前にぶら下がっているチャンスに気付かず、もしくはそれをチャンスとして認めず、そのまま見逃してしまう新人声優は少なくありません。

チャンスを見逃してしまう彼らに多く見られる特徴は、視点がブレてしまっていること、そして自分がどうなりたいかが明確にイメージできていないということです。逆にその二つが備わっていれば、チャンスを見逃すことは限りなく少なくなるはずです。

声優を志したその日から、あなたのまわりにはほんの少ししかないチャンスと、数え切れないほどのライバルが生まれます。

ライバルたちから一歩抜きん出て、声優として力強くその道を歩むための方法は、チャンスを見つけた場合、それをすぐさま摑み取ることしかない。その段階に至ってまで「チャレンジしない」ということは、むしろあなたの声優道の終わりを意味していることにほかならないのです。

「学び」は少ないことを知れ

これも先述しましたが、コンテンツのあり方や作り方、売り方の変容に伴い、今の声優業界は非常に細分化されてきています。特に若い世代の声優は、近年の仕事の細分化の影響もあって同じ世代の仲間と触れあうばかりで、たとえば僕たちのような中堅声優やそれ以上のベテラン声優と接する機会も次第に減ってきているように感じています。

効率という面では明らかに向上しているし、あながちそれが悪いとも良いとも言えません。しかし一度プロになってしまえば、声優が学びを得られる場は現場しかないのも事実です。ゲームの収録は基本的には一人でブースの中で行います。ナレーションも同じく一人で行います。だからこそ声優たちが集まって同時に行う機会、特に規模の大きなアニメや洋画の収録現場は、多くの学びが得られる貴重な場となります。

たとえば僕の場合、「ドラゴンボール超」でキャスティングされていますが、そこでは大先輩である野沢さんや他のベテラン声優の演技を間近にし、多くの学びを得ることができています。

一方で、若手声優から受ける影響や刺激も多大です。少し昔の話になりますが、今でも印象深い作品があります。それは2000年に公開されたテレビアニメ「ヴァンドレッド」の現場です。

その頃まで僕に求められた声優としての役割は、ほとんど「AKIRA」の金田役のような不良青年か、「ここはグリーン・ウッド」の池田役のような美青年でした。そんな時にやってきた「ヴァンドレッド」のオーディション。主人公のヒビキ・トカイは、粗野で人づき合いが苦手だけれど、その実、正義感に溢れて思いやりのある若者です。僕に求められるイメージともあながち遠くないし、声優としてそれなりの人気もありましたから、「まあ受かるだろう」と高をくくっていました。

しかし、オーディションの結果、僕は主役の座を勝ち取れませんでした。ヒビキ役を射止めたのは新人で、当時ほとんど無名の声優だった吉野裕行さん。一方で僕が選ばれたキャラクターは、便器型ロボットのピョロ役でした。

屈辱にも近い想いを抱えながら、むかえた収録日。心の中で腕と足をむんずと組み、「お手並み拝見といこうじゃないか」と、踏ん反り返りながら吉野さんの演技を見ることにしました。するとむしろ、彼の演技に僕はまったく敵わなかったことを、心の底から思い知らされます。

確かに声優としてのテクニックなら、僕のほうが上だったのかもしれません、しかし、僕よりも７歳年下の彼は、そもそも年齢として、当時備えていた性質として、ヒビキ役により近いところにいました。自然に紡ぎ出される声も、演技も、僕よりもヒビキにずっと近かった。つまり彼は、オーディションを受けた声優の中で、ヒビキ役としてもっとも適切な声を持ち、そして当時の僕が持ちえない、若さという適性を兼ね備えていたのです。

その一方、自惚《うぬぼ》れに聞こえるかもしれませんが、便器型ロボットという存在を誰も目にしたことがない以上、その役はそれなりの技術を備えた声優が演じなければならないのも、当然だったかもしれません。

この「ヴァンドレッド」の場を通じ、これまでの「不良青年」「美青年」という役割だけでは生き残れないことを痛感した僕は、引き出しを一つでも増やすよう努力を重ねることにしました。そしてそのおかげで悪魔や宇宙人、タンスに消しゴム、父親など、多くの役に適応できるよう、間口を広げることができたのです。

このほかにも、同世代の仲間と切磋琢磨しあえたアニメ「頭文字D」の現場は、本当に勉強になりました。たとえば庄司慎吾役を演じていた藤原啓治さんの演技は、今まで出会ったことがないタイプの悪役の演技であり、鬼気迫るものを感じました。今でも折を見て作品を観直しては、僕も負けないよう、自らを奮い立たせています。

また、最近だと「斉木楠雄のΨ難」の収録現場はとても面白い。そもそも、登場するのがアクの非常に強いキャラクターばかりということもあり、僕より年下の声優たちが、それぞれの個性を全力で披露する、まるで見本市のようになって刺激を受けています。なかなか言葉で表すのは難しいですし、作品を見ているだけだとその状況も分かりにくいと思いますが、声優たちが、それぞれの現場で個性を本気でぶつけあう様は見ていてとても気持ち良いものです。演技として学べることもあれば、まだまだ僕も負けてはいられないという気持ちにさせられることもあります。そのことは、年齢を重ねても第一線で活躍を続けるベテラン声優の多さからも、自然と伝わるのではないでしょうか。

それなのに、現在の細分化が進む声優業界を見ていると、そういった刺激的な現場に参加できず、その技術や熱が伝承されにくい状況にあるように感じ、とても心配でならないのです。

だからこそ、むしろ学びが得にくい環境であることを理解し、そのチャンスを得るためにはどうすればいいのかを意識し、賢く立ち回って欲しいと願ってやみません。

「オリジナル」の価値を知れ

現在、民放ではアニメの多くはいわゆる夜7時から9時の〝ゴールデンタイム〟ではなく、深夜や早朝などの時間帯で放映されることが多くなりました。その要因は視聴スタイルの変化だったり、かけられる予算との兼ね合いだったり、おそらくさまざまです。

たとえば、よく見られる十数人の「萌え系」のキャラクターが主役を務めるようなアニメの場合、キャストのほとんどが新人声優で占められるパターンがよく見られます。そうした番組が放送される先が深夜枠やローカル局、さらにBSやCSの洋画だと予算も抑えられていますから、場数を踏む前の、なるべくランクの低い若手の声優にキャスティングが流れるのは仕方ないことかもしれません。

しかしそうした結果、同世代の似たような感性や背景を持つ声優たちで固められるケースが多々見られるようになりました。しかも現在のアニメはほとんどがワンクールで放送が終了してしまいますので、基本的にはたった数ヵ月でその役を離れなくてはならない。

つまりはここでもさらなる細分化が見られているのです。

さらに細分化は声優においてだけではなく、アニメそのものの制作姿勢にも見られていて、なるべく予算を削減するため、そのときどきで安価で作成できる海外に発注されることも増えています。こうした流れは業界全体の動きですから、制作だけではなく、音声、監督、脚本、おそらくあらゆる方向で見られていくことになるのではないでしょうか。

この細分化の流れは、個々の声優から見れば、決していいことばかりではないと僕は思います。

　先述のように世代を超えた声優の演技を体感することができず、いつしかサークル的なノリが生まれがちで、しかも短い期間で放映が終わることで、学びや客観的意見がさほど蓄積されないままでサイクルが繰り返されてしまいます。そうすると、若い声優たちは「今の芝居が正解」として認識し、成長を得られる機会を失ってしまうことでしょう。

　そうした背景もあって、厳しく言えば、現在では通り一遍な演技しかできない、人としての個性も感じられない、オリジナリティのない声優たちが増えている傾向があるのではないでしょうか。

　しかし、声にオリジナリティがなくていいのであれば、極端な話をしてしまうと、いずれは「初音ミク」のような音声合成ソフトを用いることで、声優の代用にしても良いということになりかねません。突飛な妄想のように感じられるかもしれませんが、この先、技術が発達すれば可能性はまったくゼロではありません。

　現実としてカーナビシステムでは、収めた声を加工し、道を案内する技術が当たり前のように用いられていますし、音声翻訳の分野ではとても速いスピードでテクノロジーが進化しています。

だから低コストを追求し、かつ「誰か」のような声や演技だけを求めるのであれば、オリジナルの声を一通り録音し、あとはプログラミングして事足りる時代も、それほど先の話ではないように思ってしまいます。

ではもし、これからの時代にあなたが声優として生き残りたいのであれば、目指すべき道とは何か。それは「誰か」のような声優になるのではなく、今のあなたしか演じることのできない、本当の意味でオリジナルの声や表現を持つ、声優になることしかないと僕は思います。そしてあなたから放たれるセリフは、決して誰にも代替されない、オリジナリティのあるものでないといけない。

そして、そうした声が求められる世界で生き残るためにするべきこととはいったい何か。

これも答えは簡単。繰り返し述べたように、声で食えるようになっていようと、これから目指すのであろうと、一つでも多くの引き出しを自分の中に作り続け、いつの時代でも求められる声になるよう、スキルアップを怠らないことしかありません。

実はそのことを伝えるためにも、僕はこの本をここまで記してきました。自分が本当に価値ある声優になれるかどうか、ぜひ何度でも読み直し、確認をするようにしてください。

「不安」しかないことを知れ

重ねて記すようですが、そもそも声優になるということは、まったく楽なことではありません。職業として声優を選んだ人にとって、一生つきまとうのは名誉でも、満足でもなく、いつまでたっても「不安」でしかない。

もちろん金銭的な不安は最も大きな要素でしょう。仮に僕がインフルエンザにかかってイベントを欠席してしまえば、当然ですが、そのギャランティは一銭も入ってくることがありません。

また、女性声優と同様、男性声優も若ければ若いほど需要のある時代になりました。50代を目前に控えた僕は、絶頂期に比べれば当然ですが需要は減っているし、声優業界全体が厳しい事情の中、正直な話をすれば、一本あたりのギャラも下がっています。

声優という個人事業主のレールに乗った以上、その覚悟はありました。安定がない生活のほうを数十年にわたって送ってきたこともあり、不安を感じて過ごすことは当たり前になっていますし、平穏な日常を過ごしている時のほうが、逆に不安になります。

極端なことを言えば、生命保険や入院保険などの保険には入っているから、むしろ入院をした方が短期的な安定は得られるかもしれない。それくらい、不安定な職業です。

決算月を過ぎ、税理士からの報告を受け、もし前年度と比較して年収が落ちていれば、その夜は不安で眠れなくなります。もちろんこういった不安とは、今の世の中なら声優に限らず、会社員という立場であろうと同じなのかもしれませんが。

幸い僕は２０１６年末現在、アニメのレギュラーを数本持ち、ラジオのパーソナリティのレギュラーも抱えています。しかし、いつ何かが起きて、それらの仕事がすべて吹っ飛んでもおかしくないのが、この業界の恐ろしいところです。

しかもその原因は、僕自身の問題ならまだしも、スポンサーの事情や製作会社の事情、さらにはコンテンツ自体の事情など、とてもコントロールできそうにはない要因が多く含まれています。

だからこそ、いわゆるベテランと言われ始めた僕たちの世代でも、さらにはそれ以上の世代で、知名度や素晴らしい演技力を兼ね備えた先輩でも、突然、あるいはいつの間にか、現場から消える様子を間近に目にしています。そしてもちろん僕自身、消える声優の予備軍であることは否めません。

プロの声優の土俵に上がった時から、僕たちは常に「消える」という不安を背負って生きていかなければならない。だからといって、不安に打ちひしがれ、その場で震えていても仕

横浜アリーナにて。僕含め、今では多くの声優が歌うようになりました

方がない。むしろ不安があるのを当たり前として、常に不安と同居することが必要となります。つまり不安と家族になることこそ、声優として精神の安定を保つ唯一の手段なのではないでしょうか。

不安があることを理解しているからこそ、人は常に自分を律することができ、何歳になろうと常に向上心を持ち、努力をし続けることができるのだと思います。

僕の場合、たとえば４年くらい前から週に１度、歌のトレーニングに通うようにしています。何年か前から人前で歌う機会が多くあり、もっと上手く歌いたいと感じた、という事情もありましたが、声優である以上、この先いつ訪れるか分からなくとも、誰かの前で歌うそのときのため、できる準備を可能な限りしておきたいのです。

また、声優は身体そのものが商売道具ですから、体調管理には大変に気を遣っています。栄養バランスに気をつけているのはもちろん、都内ならなるべく自転車で移動をし、有酸素運動を取り入れるよう心がけています。

たまに人前に立つこともありますから、そうしたケースに備えて身体を絞るべく、時には集中した筋トレも行っています。年齢に抗えず、若い頃より体型は衰えようと、少しでもベターなスタイルを維持できるよう、努力をしているつもりです。

50代手前ともなれば、ある程度は仕事に対して安定を求め、むしろ毎日をルーティン化するタイミングに差し掛かる頃ではないかと思うのですが、声優である以上、成長を止めることは、職業としての〝死〟を意味します。だから、未だにあれこれと努力をし、模索をし、ときに失敗をしながらも新たな発見をして喜んでいる自分は、実は同世代のサラリーマンより、少しだけ得をしているようにも感じています。

おそらく、そうした感覚は声優という職業を通じ、〝ドM〟体質になったからこそ達することができた境地なのかもしれません。

「僕が待っている」ことを知れ

いよいよ最後となりました。思えばここまで、随分と厳しいことを書いたような気がします。しかしそれは、現実として僕が声優道を歩む中で感じた、正しいと思う現状をお伝えしたかったからにほかなりません。

さまざまな覚悟や準備の先にあることは、とにかく「仕事に穴を空けない」ということです。

声優の仕事には数え切れないほど多くの人々が関わっています。仮に声の収録日やイベントの開催日に体調を崩し、欠席ということになってしまえば、それだけで多くのスタッフに迷惑をかけることになります。イベントなら、その日を楽しみにしていたファンの期待を失いかねません。

しかしそれと同じくらいに、穴を開けた結果として僕のポジションを誰かに奪われることへの恐怖があります。僕の目には、それこそ「岩田光央の寝首をかかん」と後ろに待ち構えている声優たちがはっきりと見えているからです。

「そこそこ人気があるし、知名度も仕事もあるし、それでいいか」と、あぐらをかき、怠けてしまうことがあれば、それは最も恐ろしいことです。気が付いたら仕事がおろそかになり、不安にのみこまれ、「そういえば最近、岩田の声を聞かないな」と言われるようになりかねません。

それでもまだ、そうやって思い出してもらえるだけいいでしょう。声優の数が増え続けるこれから、誰にも思い出してもらえることなく声優道を終える、ということもありえないとは思えません。そうならないための自戒を込め、この本を書いたのは事実です。

でも、この本を書いた理由はもう一つあります。それを伝えるために、最近あった嬉しい出来事について少しだけ触れたいと思います。

それはとある海外アニメのスタッフによる忘年会の席でのこと。その場で、とある若手声優から声をかけられました。

「実は12年前、僕は専門学校で岩田さんの特別授業を受けました」

当時の彼は、養成所のオーディションが始まる数日前のタイミングで僕の授業を受けたそうです。それまではあまり深く考えず、とにかく受かりそうな養成所に進もうとしていた彼は、僕から「まずは大手を狙え」というアドバイスを受けて受験先を変更し、無事に大手事務所に入り、今の立場へたどりついたそうです。

「あのアドバイスがなければ、きっと今の僕はいません。ありがとうございました」

正直、僕は彼のことを覚えていません。何十人もいる生徒たちに対し、努めて平等に指導を行ってきたつもりですが、その中でアドバイスを素直に受け止めて実行に移した彼は、やはり「センス」が良かったのではないでしょうか。その結果として、同じ現場で切磋琢磨する声優仲間になれたのです。

もしかすると、この本に書いた僕の言葉が声優を目指す誰かの血肉となり、彼のように、有望な声優を生むことになるかもしれない。いつか現場で「岩田さんの本を読んだから、今の私がいます」という言葉が聞けるかもしれない。

だからこそ、この本を後に続くあなたのために書き記しました。そして僕は、今からその日がとても待ち遠しくてならないのです。

繰り返しとなりますが、見事に狭き門を突破し、一流の声優になった暁には、それまでの苦労を払拭する、楽しいことがたくさん待っているのは事実です。うまくいけばスターとしてスポットライトを浴び、富も名誉も得られる可能性ももちろんあります。

そしてそれ以上に、声優のみならず一人の人間としても、多くの学びが確かにあり、成長も得られる素晴らしい職業です。必要な要素や環境、そして覚悟が揃うのであれば、大いに目指す価値はあると思います。

もしあなたが道を間違えず進むことができたとしたなら、そしてたゆまぬ努力を重ねることができたとしたなら、その先に、おそらく僕がいるはずです。

僕のところまでたどり着いたその暁には、とりあえず祝杯を挙げ、さらに力強くこの声優道を歩むためにどうすればいいのか、一緒に考えましょう。

これから進むその先で、僕は必ずあなたを待っています。

おわりに

ひと昔前は確かに〝日陰の存在〟だった「声優」。

今「13歳のハローワーク公式サイト」を見れば、その人気職業ランキング（2014年2月1日～28日調査）で、マンガ家やアナウンサーを上回り、第6位となっています。またYahoo！の「なりたい職業」の検索結果として8位になるなど、声優という職業はすっかり市民権を得たように実感しています。

かつて職業を尋ねられたときに「声優です」と答えると、年配者たちから「西友」に務めているとばかり思われていた、というのは笑い話ですが、現在では逆に「どんなキャラクターの声を担当していますか」と質問される機会が増えました。

声優という職業を意識し、その道を歩む覚悟を決めてかれこれ数十年。一度若い世代に向けて、あまりにも危ういこの職業の実態を正しく伝えなければいけない、という想いをずっと抱いていました。

職業として声優道を進む、ということはいったい何を意味するのか。それは、自らが商品になるという自覚と、自らの力で道を切り開く覚悟を持つこと。それに尽きるのかもしれません。

講師という形で若者たちと接する機会が増えた結果、イメージが先行し、この危うい職業に対する理解や覚悟が彼らの中にあまりにないことに、不安どころか、いつしか恐怖すら覚えるようになりました。しかも声優を取り巻く環境はまさに〝激変〟とも言えるタイミングを迎えています。

だからこそ50歳を前にし、さまざまな現場を踏んで得た多くの学びや経験を少しでも伝えられればと、本の執筆を引き受けることにした次第です。

本書でも記しましたが、歳のせいか、これまで当たり前のように現場で顔を合わせていた諸先輩方の訃報に接することが増えたように感じています。そうしたとき、いつも思うことがあります。それは、「僕が死んだら、世間は僕の〝声〟に対してどんな評価をしてくれるだろうか」ということ。

読者の中には、何十年も放映されたアニメの主人公、もしくはその家族、またはその友達として常に画面に出ていたキャラクターを演じていた声優が亡くなったとき、まるで本当の家族や友達を失ったときのような喪失感を覚える人もいるのではないでしょうか。

それは、条件さえ揃えば長く同じ役を演じることができる、という声優ならではの誇りであり、僕がこの仕事を「素晴らしい」と思う、その理由の一つなのかもしれません。

もちろん僕は自己顕示欲の強い性分ですし、もし死んだときには、一人でも多くの人に偲んでいただきたいと思いますし、「声優・岩田光央」という名前を聞けば、その声が一人でも多くの人の脳裏に浮かぶようになっていたい。

そして時にはその声を思い出してもらい、「もうあの声は聞けないんだな」と、少しでもさびしいと感じてもらえたら、と思います。そんなささやかな、でも実は大それた希望を抱きながら、僕はまた今日も新しい声を演じ、そして残しています。

あなたは一体どんな声を、そして誰に残したいと思うのでしょうか。

Chuko Shinsho
La Clef
中公新書ラクレ 576

声優道《せいゆうどう》
死《し》ぬまで「声《こえ》」で食《く》う極意《ごくい》

2017年2月10日初版
2019年2月10日再版

著者 岩田光央《いわたみつお》

発行者 松田陽三
発行所 中央公論新社
〒100-8152 東京都千代田区大手町1-7-1
電話 販売 03-5299-1730
編集 03-5299-1870
URL http://www.chuko.co.jp/

編集協力 いしいのりえ
本文印刷 三晃印刷
カバー印刷 大熊整美堂
製本 小泉製本

Published by CHUOKORON-SHINSHA, INC.
Printed in Japan ISBN978-4-12-150576-7 C1295

定価はカバーに表示してあります。落丁本・乱丁本はお手数ですが小社販売部宛にお送りください。送料小社負担にてお取り替えいたします。

中公新書ラクレ刊行のことば

世界と日本は大きな地殻変動の中で21世紀を迎えました。時代や社会はどう移り変わるのか。人はどう思索し、行動するのか。答えが容易に見つからない問いは増えるばかりです。1962年、中公新書創刊にあたって、わたしたちは「事実のみの持つ無条件の説得力を発揮させること」を自らに課しました。今わたしたちは、中公新書の新しいシリーズ「中公新書ラクレ」において、この原点を再確認するとともに、時代が直面している課題に正面から答えます。「中公新書ラクレ」は小社が19世紀、20世紀という二つの世紀をまたいで培ってきた本づくりの伝統を基盤に、多様なジャーナリズムの手法と精神を触媒にして、より逞しい知を導く「鍵《ラ・クレ》」となるべく努力します。

2001年3月